新农村微商
营销一本通

赖国光 赖国全 / 著

中华工商联合出版社

图书在版编目(CIP)数据

新农村微商营销一本通 / 赖国光,赖国全著. -- 北京:中华工商联合出版社,2023.3
ISBN 978-7-5158-3609-6

Ⅰ.①新… Ⅱ.①赖… ②赖… Ⅲ.①农村-网络营销 Ⅳ.①F713.365.2

中国国家版本馆CIP数据核字(2023)第 020142 号

新农村微商营销一本通

作 者：	赖国光　赖国全
出品人：	刘　刚
责任编辑：	胡小英
装帧设计：	周　源
责任审读：	郭敬梅
责任印制：	迈致红
出版发行：	中华工商联合出版社有限责任公司
印　　刷：	北京毅峰迅捷印刷有限公司
版　　次：	2023年3月第1版
印　　次：	2025年9月第8次印刷
开　　本：	850mm×1168mm　1/32
字　　数：	230千字
印　　张：	8.75
书　　号：	ISBN 978-7-5158-3609-6
定　　价：	26.90元

服务热线：010－58301130－0（前台）

销售热线：010－58302977（网店部）
　　　　　010－58302166（门店部）
　　　　　010－58302837（馆配部、新媒体部）
　　　　　010－58302813（团购部）

地址邮编：北京市西城区西环广场A座
　　　　　19－20层，100044

http://www.chgslcbs.cn

投稿热线：010－58302907（总编室）

投稿邮箱：1621239583@qq.com

工商联版图书
版权所有　侵权必究

凡本社图书出现印装质量问题，请与印务部联系。

联系电话：010－58302915

前言 PREFACE

"微商"这个词从2013年问世以来,不知不觉中已过了六个年头。正像很多有识之士当年预言的:微商不会亡,只会越来越强;微商不会死,只会越来越规范;微商不会被国家取缔,只会被引导着更好地发展……在《中华人民共和国电子商务法》已经实施并且获得正式身份的今天,那些当年看不上微商、看不懂微商、看不惯微商的人,实在是无话可说了。

然而,这些年当中,也确实有很多微商阵亡了,失败了,投降了,退出了。与此同时,又不断有新人加入其中,日益壮大着微商的阵容。总的来说,做微商的越来越多,微商江湖的竞争也越来越激烈。

站在风口上，猪也能飞起来，微商刚刚问世时，只要掌握了先机，就能拔得头筹。虽然现在不能跟那时比，但也为时未晚，毕竟微商的特点就是低门槛、低起点，却潜力无限。只不过在这个竞争激烈的新时代，我们势必要掌握更多"必杀技"，这就是本书出版的目的。当然，我想那些很早就入场了的微商老手，肯定也想给自己充充电，毕竟书籍是人类进步的阶梯。

不夸张地说，微商是我们追赶财富浪潮的契机。这并不是单纯的自卖自夸，而是建立在中国的国情及时代特色之上的现实。这些年来，突飞猛进的中国经济每上一个台阶，就会造就一大批先富起来的人。股市方兴未艾之际，炒股个个都能赚钱；房市刚刚兴起之时，买房个个都能赚钱……但出于各种各样的原因，我们错过了，而且机会一去不复返。不过谁也不能否认，随着以微信为主体的各种微平台的出现，我们的生活方式在不知不觉中发生了巨大变化，中国已大步迈入微时代，这种巨大变化中蕴含着巨大商机，而且已经为众多成功的微商所证明。

古人云："工欲善其事，必先利其器"。本书就是广大微商朋友在未来行走微商江湖的武器，它一方面是本人在微商领域的实践、学习、研究和培训基础，另一方面也博采众家之长,力求能解决微商经营领域的各个问题,以期让更多的人取得更大的成就。

做久了微商,我的写作也开始微商化,也就是只讲干货,不求花哨。本书力求用通俗易懂的文字,辅以帮助阅读的图示,把跟微商有关的多种知识融于一体,集中展示出来,让忙碌的读者打开任何一页都能有所收获。

本书共分九章,第一章讲述当前微商的发展态势以及它与最初诞生时的不同;第二章推出本书的核心内容,强调团队建设与基本思路;第三章将招商系统化,方便广大读者更深刻地了解微商招商;第四章主打微商培训,这是微商及其团队发展壮大的必修课;第五章立足营销,结合微商实践,给出了一系列具有实操价值的理论模型;第六章专注成交,让读者具备临门一脚的能力;第七章介绍各种工具,让微商更好地探索并利用微信及其他各种软件的各种功能;第八章引领思维,让微商跳出以往的混战,智慧取胜;第九章文以载道,介绍电子商务法对微商的影响及指导。

正如网友们所说,微商是没有围墙的大学,我在写作过程中,也尽量避免教条和僵化,不给自己设置围墙。只要是我觉得对微商经营有益的,特别是经我本人实践检验过的，我都会毫不犹豫、见缝插针地放在文章里面。知识是死的，而人必须活学活用。

　　希望本书对大家有所帮助。

目录 CONTENTS

第一章 微商时代 / 1

1. 什么是微商 / 2

2. 什么是微商 2.0 / 7

3. 微商五大要素 / 13

4. 微商思维认知 / 18

5. 做微商,你没必要不好意思 / 22

第二章 微商团队经营 / 27

1. 团队裂变的秘密 / 28

2. 团队向心力的建立 / 32

3. 团队文化的建立 / 38

4. 微商心理建设 / 43

5. 微商时间管理 / 48

第三章　微商招商系统 / 55

1. 你和你的代理都需要招商 / 56

2. 招代理不如吸引代理 / 60

3. 团队发展的四个阶段 / 65

4. 团队管理的三大要素 / 72

5. 微商与合伙人制度 / 78

6. 好的OPP让你的代理商倍增 / 83

第四章　微商培训攻略 / 87

1. 好的NDO为团队插上翅膀 / 88

2. 想做赢家，先做专家 / 94

3. 销售是很高级的事业 / 100

4. 不可或缺的工匠精神 / 105

5. 洞察人性，妙用无穷 / 109

6. "五给一帮"，一带一帮 / 114

目录 Contents

第五章　微商营销晋级 / 119

1. 从"杀熟"到"杀千陌" / 120
2. 左手市场，右手销售 / 126
3. 产品模型与顾客心理 / 131
4. 招商会营销与成交步骤 / 135
5. 提前收款的具体策略 / 142
6. 做服务就是做营销 / 147

第六章　微商成交法则 / 153

1. 借力打力的 ABC 法则 / 154
2. FAB 销售法及其话术 / 159
3. 帕累托法则与 ABCD 法则 / 164
4. 神奇的加减乘除销售法 / 169
5. 过剩时代与 USP 理论 / 174
6. 林林总总的成交法 / 180

第七章　微商运营工具 / 185

1. 欲善其事，先利其器 / 186
2. 微信：与微商一同成长 / 190

3. QQ、博客和微博 / 196

4. 微视频时代与新微商 / 201

5. 陌陌引流，探探拓客 / 205

6. 大数据与小数据 / 209

第八章　微商思维转型 / 215

1. 从卖产品到卖服务 / 216

2. 从塑造产品到塑造人品 / 221

3. 从没头苍蝇到思维导航 / 227

4. 从硬广告到情景互动 / 232

5. 从对牛弹琴到庖丁解牛 / 236

6. 从讲事实到讲故事 / 241

第九章　微商雷区的规避 / 247

1. 毒鸡汤，是误区更是违法 / 248

2. 微商必须知道的《电商法》/ 251

3.《电商法》下的微商江湖 / 255

4. 如何合法地做好微商 / 260

5.《电商法》下的过往案例解读 / 264

6. 微商也要有企业家精神 / 269

第一章 微商时代

1. 什么是微商

什么是微商？

有人认为这不是个问题，就是在微信上卖卖东西嘛！其实大错特错。

想想看，连微商的基本概念都搞错了，又怎么可能做得好微商？

所谓微商，英文称作"We business"，翻译过来就是"全民创业"的意思，指的是基于移动互联网的空间，借助于社交软件，以人为中心、社交为纽带的新商业模式。

就中国而言，2015年是微商崛起、微商称霸之年，看似不可思议，但这其实就是其先进之处。宝妈、学生、工薪族、白领、退休人员，人人争做微商，到处都在卖东西。微商以其不可逆转的优势，野蛮地生长着。

为何微商具有不可逆的优势呢？主要是成本低。对中小商人来说，店铺的房租几乎成了不可承受之重，用他们的话说，那就是"每天睁开眼就已经亏了几百块，甚至更多"。生意要好的时候还能承受，但是房租经常涨，商品也只能水涨船高，商品卖得贵，消费者哪有那么多钱消费？电商也做不起，亚马逊、京东、当当网这样的大平台资金投入大，普通人肯定开不起，就算有资本，经营起来也非一朝一夕之功；就算是在淘宝上开一个店，成本也不低——而微商的成本，相对来说小到可以忽略不计。最初你只需要一部手机。可能有人会说，除了手机，还需要囤货，不然卖什么呢？其实，你可以先试着去推销，比如发广告、消息、软文等，有了切实效果再拿货不迟。事实上，我认识的不少人当初都是抱着这样可上可下、可进可退的心态踏上了微商之路，虽然有些人做得确实不理想，但也有些人做得相当不错，成为了周围人羡慕的对象。

以下是我的学员马诗青女士走过最初阶段后的感悟：

2015年4月10日，我永远不会忘记这一天，这是我下决心加入微商的日子。很巧，那天也是我的生日。

一切并不那么顺利，朋友劝阻，老人反对，而且说得都很在理：你就是个家庭主妇，不擅长销售，也不擅长与人交流，把孩子带好就行了！但我内心深处明白，如果今后只是深埋于厨房与客厅，浑浑噩噩，碌碌无为，只能"手掌向上——伸手要钱"，又哪儿来的独立和自主？

我可以接受失败，但不能刚开端就放弃。事实证明，再艰难的第一步，当你迈出去的时候，就不会觉得"我肯定无法做到"。

以前不擅长交流，那恰恰说明现在应该补上这一课；以前不懂销售，那就强迫自己去学习，反复听课，多方查漏补缺，不断总结，对比反思，想尽一切办法让自己学会销售，为此熬夜到半夜是常有的事。我相信，没有不劳而获的荣耀，所有的一切，都需要自己付出和累积。随着读的书越来越多，学习到的技能日益升级，心智也日渐成熟，不仅销售不成问题了，还招了一批代理。

后来，随着代理不断加入，我的团队日益壮大，我不再孤军奋战，也很快就获得了自己有生以来的第一桶金。感谢赖老师带给我的改变，他不仅把我从一个厨娘变成了社交达人，让我拥有了财富，而且让我变得独立，让我发自内心地感到骄傲!

独立和发自内心的骄傲,说得多好!事实上我们知道,做微商还能给人真正的自由。做微商,很多人图的就是自由,不用每天朝九晚五地去赶地铁、公交,有一台电脑,或者有一部手机就行,在家里就能开展工作,甚至躺在床上也可以。可以边聊天边做生意,或者边逛街边做生意,也可以在你拥有一份全职工作的情况下兼职进行,总之可以让你完全自由选择。在给人时间自由的同时,微商最重要的功能是可以让人实现财富自由。微商就是这样,解决了很多人的现实问题,也为我们铺就了一条通往梦想之路。每个人都希望能够实现自己的人生自由和财务自由,而微商恰恰能为我们提供这么一个机会,那我们为什么不做呢?

不可否认,目前仍有些人对微商人抱有歧视心态,总戴着有色眼镜看人。没错,从事微商的人群起初往往是一些收入较低的人,但英雄不问出处,刘备还卖过草鞋呢!财富英雄就更加不问出处。

往小里说,做微商可以补贴家用,多一份收入;往大里讲,你可以把它当成一份事业来经营。另外,微商是这个时代留给我们追赶财富浪潮的契机。这些年来，突飞猛进的中国经济每上一个台阶，就会造就一大批先富起来的人。除了少数人拥有极高的天分与专业知识外，大多数人只不过是在迷茫中迈出了勇敢的一步，恰到好处地站在了风口浪尖上，顺应了时代的发展。股市方兴未艾之际，炒股个个都能赚钱；房市刚刚兴起之时，买房个个都能赚钱；就连P2P，一开始买的人也都赚了……由于各种原因，以前的错过了就错过了，但我们没理由让眼前的机会再次溜走。

经常有人问我："老师，你说实话，做微商到底能不能赚钱？为什么某某和某某都没有赚到钱？"还有人跟我讲种种理由，以证明自己确实不适合做微商。对于前者，我想说做微商确实能赚钱，但千里之行，始于足下，天下没有免费的午餐；对于后者，我只能说，也许你确实不适合做微商，但你想想连微商你都不适合，还有什么事情适合你去做呢？

2. 什么是微商 2.0

什么是微商 2.0？

这还要从微商 1.0 说起。

在本书的开头，我们提到，有些人认为微商就是在微信上卖卖东西，我们指出这是大错特错，其实也不尽然，因为现实生活中很多人确实就是在微信上卖东西，我们不能说他们不是微商。但充其量，也只能说他们是 1.0 时代的微商。

小打小闹、浅尝辄止、暴力刷屏、反复"安利"、强行囤货……这是微商 1.0 的基本特征。另外，单纯地在微信朋友圈卖货，其产品的质量、品类的选择，物流、维权等方面的保障几乎为零，因此微信朋友圈充斥着大量非法的"三无"产品。譬如，刚开始卖面膜的那些人，价格真的不便宜，效果真的不明显。这也就罢了，至少它们只伤害钱包，不伤害身体。有些微商或许也从未想过害人，但在实际行为中确实做了助纣为虐的事，销售一些非但无益反倒损害人健康的食品、药品、保健品之类。类似这种的微商乱象，都深深伤害了它原有的美好形象。

而所谓微商2.0，可以说正是要从面对及解决上述局限、弊端与乱象入手。

首先，重渠道，更重品牌。

传统微商基本上只做一个渠道，即微信，能同时做QQ的就算优秀了；再有就是"线下杀熟"，身边"安利"。线下当然要做，但这从根本上不太符合微商的定义。微商是什么？是借由微小的媒体来发展商务，也就是自媒体上的商业营销。自媒体是一个非常宽泛的名词，并且在不断扩容，一般来说可以分为公关型的自媒体、社交型的自媒体和替代媒体的软件。公关型的自媒体包括新浪微博、今日头条、喜马拉雅、微信公众号、直播软件、微视频软件（抖音、快手、微视）等；社交型的自媒体又分开放式与封闭式两类，前者包括探探、陌陌等，后者的代表就是微信朋友圈；而替代自媒体的软件则是指"魔兽""王者荣耀"等。

除了渠道单一外，传统微商对产品的选择也过于简单，基本没什么选择余地，一般是上线让他卖什么他就卖什么，有些东西根本不是品牌货，甚至连基本的功能都没有，但为了赚钱，他也有样学样，睁着眼睛说瞎话。想想看，次品怎么可能火爆？只有好东西才能好卖，只有爆品才能爆销。所以在未来，我们一定要对自己所销售的商品进行精选，不厌其烦地精选。没有好产品，宁愿等待，宁愿去寻找，也不能乱做一气。商品有品牌，人也有人品，你卖坏产品或次品，等于败坏了自己的人品。卖一次次品给你的朋友，朋友可能就再也没法做了。品牌肯定是会贵一些，这不用担心，一来再贵的东西也会有人买单，只要它贵是有道理的，二来当你的销量足够大时，你可以去跟品牌谈订制款，这也是行业内的普遍做法。我的一位朋友不久前告诉我，他们正在运作与茅台酒厂的合作，准备推出相应的订制款。普通人很难想象，像茅台这样的大厂家也会跟微商合作，其实微商只是工具"微"，销量可大着呢！所谓营销为王，谁能替茅台酒厂卖出产品收到钱，谁就是优质伙伴。

好的态度是成功的一半。做微商，选择好的产品等于成功了70%。现在人们消费，怕的不是花钱，而是怕花了钱买不到好货。选择一款好的产品，也是对自身形象的加持。此外，微商经营靠的是产品的口碑，做的是个人的信誉，想做得持久，就绝不碰假货，要杜绝三无产品，因为这些产品势必不能长久，迟早会被工商部门查处，同时也对不起自己的良心。

其次，提供好产品，也提供好服务。

微商2.0时代，不能光凭做广告自卖自夸。产品好不好，要看客户自己体验好不好，客户体验好了，他们自然而然能够成为产品的忠实粉丝。他们只需要随手分享一下，按照平均一个客户的朋友圈有几百人来计算，每一次分享等于向数百人做了定向推广，数百人后面又有数百人，只要产品能好到能不断支持他们分享下去，这种裂变的层级数就会非常可观。所以说，微商2.0时代，产品才是王道，选择好的产品就成功了一大半。

当然仅有好产品还远远不够。现在是一个产品过剩的时代，供给侧改革如火如荼，市场上的商品琳琅满目，消费者看得眼花缭乱，已产生了选择困难。即使你选择了一个好产品，也要知道现在是酒香也怕巷子深。客户选择在你这里购买，在同样的产品和价格基础上，还会关注你的服务和专业能力。只有把客户服务好了，他们才会主动为你传播，把你推荐到他的信息平台上，甚至主动介绍朋友买你的产品，乃至做你的下线，与你共创未来。

最后，团队也要搞好建设。

微商 1.0 时代，泥沙俱下，很多人靠不择手段确实赚到了钱；微商 2.0 时代，必是大浪淘沙，行业将接受内部与外部的双重涤荡。传统产业都在转型，微商也必须转型。

当然，微商的"微"字，在一定程度上还真有点微不足道的意思。现实中也确实有很多微商做不大，因为做不大，也就坚持不住，做不了多久了。

怎么将微商做大呢？其实很简单，聚沙成塔，聚众共赢，也就是发展代理。你所听到过的，我所见到过的，每一个成功的微商都不是一个人在战斗，都是一个团队在作战。具体如何做团队，我们会在后文中阐述，这里首先要提醒大家，不要把微商做成传销。设置代理门槛不要太高，代理级别层数也别太多，一定要以零售为主，立足于长远，让代理们都赚到钱，这样他们才能死心塌地地和你站在一起。也不要迷信所谓的大团队、大代理，不要轻信他们能够给你日成交多少，月成交多少，他们可能在极短时间内直接把你的品牌做死，把你的人品做烂，然后人家拍拍屁股走人，烂摊子还得你自己收拾。要懂得承载、担当、包容、坦荡，要厚德载物。只有像大地一样承载万物，宽厚有担当，同时又像苍天一样刚健运行，自强不息，人们才会觉得你配得上"领导"俩字，才会发自内心认同你，跟你走，跟你干。

3. 微商五大要素

领导人、公司、团队、产品与制度，为微商五大要素。

第一，领导人。有人说，第一要素应该是产品啊，毕竟产品承载着价值、解决方案与体验。其实微商做久了你就会发现，这个行业里最厉害的还是营销，还是人与人之间的推销能力，而不是产品本身。而营销要想做好，领导人很重要。

你所选择的领导，首先应该是个有着丰富实践经验的人，而且必须是通过微商赚到了钱的人。领导自己先赚到了钱，没有比这更有说服力的了，也没有比这更有吸引力的了。千万不要被一些不懂装懂的人误导。

有句话说得好，领导就是划破时光隧道，把你带到未来的人。领导应该能拨开众人面前的迷雾，让他们提前感受到未来，并相信他一定能带领众人奔向未来。"领导力"的关键词不是"领导"，而是一个"力"字。你所考察的领导人必须具备这种能量，具备带领团队的本事。一个人是不是有能量，是不难感受到的。没有能量的领导人，不值得托付。

第二，公司。如前所述，很多人做微商，图的就是自由，所以一听到"公司"俩字就不自觉地皱起了眉头。其实微商公司能够帮你，能够成就你。公司是个正规化的组织，它的特点是部门健全，有负责策划的，有负责营销的，有负责生产的，有负责行政的，有负责后勤的，各司其职。具体到微商行业，新手什么都不懂没关系，公司会派人事无巨细地教你；不是象征性地教你几天，也不是只教一些基本要点，而是随时教，不仅教你本人，连你发展的代理，你的代理的代理，都要教……除此之外，还会有专人负责给你定期写文案，会有专人协助你搞活动等。好的公司要体现出专业性，微商这个行业，谁家的产品策划得好，文案写得好，活动搞得好，大家有目共睹，谁都能感受得到，所谓"选择不对，努力白费"，所以我们一定要挑一家对的公司。

第三，团队。我们在前面已经讲过团队了，当然此团队非彼团队。前面所讲的是做微商不能单打独斗，要有自己的团队，组团创天下。这里强调的则是在试水微商之初，就应选择一个靠谱的团队，在里面学基础知识，练好基本功。一个团队要经得起考察，而考察内容包括它的培训内容、支持力度、带动程度、凝聚力、文化等。假如一个团队教给你的总是如何晒收入、晒成交、刷朋友圈等弄虚做假的手段，你觉得这样的行为能成就自己吗？你应该意识到，他们可能就是变相的传销。确实有一批微商，他们做微商的目的就是坑代理，只要代理囤了货，产品销往何处与他们无关，代理是否因此急疯他们不管，对此，我们一定要擦亮眼睛，分辨清楚。

好的团队应该能给予我们做微商所必需的实实在在的优质产品，而不仅仅是心灵鸡汤，比如如何吸引精准粉丝，如何梳理产品卖点，如何一对一搞定客户，如何提高客户复购率，如何搭建自己的团队框架等。这些东西只是基础的，发展壮大了的微商每天侧重点要放在培养团队上面。

第四，产品。我们在前面讲过产品，而这里讲的是产品的另一个层面。如前所述，有好的产品相当于成功了70%。但怎么才算好呢？"好产品"的概念很宽泛，除了产品本身的质量与功能没有问题外，还要看产品的人文关怀以及产品的框架性。传统微商的产品基本上都比较单一，甚至很多公司只有一款产品，美其名曰"聚焦"，试问一款产品怎么能一扫天下？我们要牢记一点，好的产品质量可以让我们拥有稳定的客户，多的产品品类则可以提高我们的接单量。所谓"没有不开张的油盐店"，产品越多，提供的必需品越多，成交的概率就越大，但如果只提供一种，风险就太大了。比如盐，它固然是必需品，但如果客户已经从别处买过了，偏偏还需要一桶油呢？此外，产品价格也很重要，价格接地气可以让我们轻松对接最为广泛的消费群体。当然，同时具备以上三点的公司并不多，但我们必须懂得这三点的重要性。

第五，制度。制度分为两个层面，一是分级模式，二是规则与执行。前者指了解相应的代理层级，如一级代理需要什么资格，二级代理都有哪些权利等，同时还要了解公司相应的整体运营规划，包括产品研发的规划、企业未来的综合竞争力等，不能简单相信其所谓的营利模式。对于规则，主要看它的处罚制度，当然也包括执行。比如有的乱级的代理是不是会被毫不姑息地踢出，能否无条件退货等。不怕不知道，就怕多比较，建议尚未入行的人多看一些公司和团队，多方比较，尽量选择那些基本面良好，同时产品、制度等也比较适合自己的公司。

4. 微商思维认知

　　人与人之间的本质差别，不是金钱，也不是知识与技能，而是思维认知。传统微商与新微商的区别，主要也在于思维认知层面。

　　有人说，微商就是在微信上卖产品，前面说过，这话不能说完全不对，但微信上卖东西绝不等同于微商。微商乃是一种思维方式，一种生活方式，更是一种不服输的精神。单纯把微商理解为在微信朋友圈卖货，显然是一种狭隘的认知。微商是可以做大的，所以我坚定地做微商。做微商要有好结果，首先要从改变自己的思维认知开始。

　　时至今日，依然有很多人对微商存在偏见。同样都是销售商品的，但那些实体店铺从业者、淘宝网商偏偏就是存有门户之见。这些偏见产生的原因非常复杂，只有当你试着真正了解了微商之后，才有真正的发言权，那时你就会改变对微商的看法。

首先我们要认识到，微商需要一个前提，那就是移动互联网。移动互联网赋予社会的意义，不仅仅在于它的去中心化和获取信息的扁平化，更多的是让普通人多了一个逆袭的机会，微商就是一种逆袭机会。据不完全统计，目前我国有近5000万人在直接和间接地从事微商，试想一下，如果这些人不再从事微商，那他们又去做什么呢？不管怎样，微商对整个社会的就业和稳定性都有巨大的贡献。反过来说，也正是因为有了微商，让很多人利用一部手机把生意做向了全国，乃至全世界，这是移动互联网发展给予时代的红利，也是普通人逆袭的土壤。

人与人之间最本质的差别是思维认知。什么是好的思维认知呢？网友们常说的"比我优秀的人比我还努力"，就是好的认知。既不肆意攻击微商，也不把微商吹到天上，能够客观看待微商这个行业以及做微商的个体，也是好的认知。而那些否认微商，甚至把微商视为过街老鼠者，其实都是这个行业之外的人，都是拥有错误思维认知的人。而且，这种思维认知是全盘否定，他们不仅会打击微商，很多行业他们也都看不上，都要指手画脚一番。

不可否认，传统微商存在着很多问题。但这也正是传统微商必须向微商2.0进化的原因所在。行业本身无好坏，关键在于什么样的人去做。出于促进这个行业向健康方向发展的批评言论，我们当然欢迎，但一上来就横加指责，就是别有用心了。举个简单的例子，微商你不用，但电商你用不用？电商的问题照样很多，但你还是需要在线购物，还是喜欢点外卖，还是喜欢足不出户解决问题。越来越多的人喜欢通过微商解决吃穿用行等问题，这是一种不可阻挡的趋势。你可以不做微商，但你必须换一种思考与认知方式。

微商思维其实也是一种互联网思维，微商的渠道也属于互联网渠道，具体来说就是移动互联网。不管何时何地，只要给一部手机，就能卖产品赚钱。往深层次里追问，我不卖产品，卖才艺，卖知识，行不行？当然也可以。所以那些网红、双V、大咖、名人，其实都是微商的变式。而那些传统商人、电商，也在使用微信宣传、推广、收费，传统商与微商其实没有太明显的界限，目的都是盈利没有什么本质不同。

很多人不是不想做微商，只是他已经被实体店或网商套牢了。不仅被套牢了金钱与资产，也被套牢了思维。当然我们也不反对大家去做传统店铺与电商，只要你有大资本。但如果你只是个草根，在传统行业开一家实体店，不仅程序繁琐，投入巨大，而且还需要审批、投资、装修，然后才开始销售。单纯从开始盈利来说，你已经落后了很多步。做微商是已经有人替你完成了审批和前期投资，你只须用你的手机，从发朋友圈开始，事业就开始了。

当然，我一直强调，这只是微商的优势，并不意味着微商就是万能的。对于普通人来说，这个优势是一个难得的跳板，只要你想进，就有欢迎你的人，帮助你的人。

自己不曾亲见的事情就不相信，自己不愿意相信的事情就拼命否认，这都是认知错误。每每听到有人说："做微商？我身边没有一个人赚到了钱，都亏了，你还让我干？某某赚了？编的！哪有那么容易……"一连串的问号与感叹号，并不能帮他们改变什么，只会让人不断错过机会。还是那句话：你可以不做微商，但错误的思维方式做什么都很危险，做什么都很难。

5. 做微商，你没必要不好意思

"不好意思"是一个很有意思的词语，根据具体语境，褒贬不定，但多数情况下偏褒义，可"不好意思"的结果往往不会太好，毁人无数。

青年不好意思表白，结果错过了姻缘；

商人不好意思要账，结果自己破产；

学生不好意思求教，结果学不到真知；

朋友不好意思认错，结果成了仇人；

……

很多做微商的人也不好意思。如果你觉得不好意思，那你不妨问自己两个问题：第一，你卖给别人的东西是假货吗？第二，你不卖东西，别人会白给你钱吗？如果你卖给别人的东西是假货，那你确实应该不好意思，而且还应该鄙视自己；如果别人不拿东西给你钱，你也确实该不好意思，但这种情况，多半是亲戚朋友为了支持你，那你应该以更好的工作姿态回报他们，单纯不好意思没什么意义。

在这个金碧辉煌的时代，经常囊中羞涩才让人不好意思。做微商是为了赚钱，做别的也是一样。只要你诚信经营，不坑不骗，没有谁比谁更高贵，没有谁比谁更高尚。有些人好面子，觉得做微商是没工作的人才会做的小事、琐事，这是何等落伍的思想。

信心是个老生常谈的话题，好多人一听到这俩字都很不屑，然而各行各业，也包括很多微商现在最大的问题恰恰就是缺乏信心。他们不是不相信微商是一个正经的生意，不是不相信它是一个创业致富的良机，但在遇到质疑时，遭遇挫折时，自信心就会大打折扣。最具体的表现就是，好多人在没赚到钱或者赚钱较少的时候，不愿意让亲朋好友和其他比较熟悉的人知道自己在做微商，好像做微商是见不得人的事情。

万事开头难。很多微商不愿意让身边人知道自己在做微商的另一个原因，主要是因为刚入门，收入低，觉得这点收入拿不出手。其实这也可以反推为他们收入低的原因所在。其实，从身边人做起是做微商最好的切入点。一方面，容易成功。如果你人品不错的话，很多时候，朋友们都会来支持你的，当然前提还是你做的必需是好产品。如果你代理的是好产品，把好的产品带给朋友们，有什么不好？如果他们也愿意从事你这个事业，还是双赢、多赢，你完全就是天使的角色。另一方面，成功会增强自信心。根据我的一些伙伴的经验，不开单确实挺伤自信心的，做了几天了还不开单，会让人怀疑这条路是否选对了。同样是人，为什么有人开单快，有人慢甚至不开单呢？一个主要的原因就是前者选择了从熟人做起，而后者选择了从陌生人做起。陌生人的生意不是说不能做，但相对来说比从熟人做起难得多，特别是在起步阶段，我们对业务没那么精通熟练的时候。

态度是根本因素，良好的态度比百万级别的启动资金更加重要，只不过"务实"的人们总会选择后者而不会选择前者。他们自以为投入巨资就算是很有态度了，但其实还远远不够。

其实我非常理解大家，大家之所以认为100万元重要，是因为大多数人没有 100 万元。缺什么，渴望什么，这是正常的。但没有多少创业资金正是我们的现实，我们必须面对它。有了好的态度，我们可以"无中生有"，从零做起，生生不息。若没有好的态度，给你再多资金，也能赔个精光。

不做微商，也要有良好的精气神；做了微商，就更要精神百倍。这个世界上，没有流不出的水，也没有搬不动的山，特别是做微商，它不需要太多的专业知识，不需要前无古人后无来者的智商，只需要你付出汗水和时间。我在这里奉劝那些抱着试试看的心态的人：不要试，干就全力以赴。你自己做好了，有一万人失败了也改变不了你对微商的积极心态。你自己干不出成绩，有一亿人成功了又与你何干？微商不是凑热闹，是生意，是事业，做得好还是大事业。心态不好，大生意小生意都只会荒废。

还有些人，觉得做微商是替别人打工，其实微商是做自己的生意。朋友、伙伴或者其他带你入行的人，为你提供信息、资源，提供一路的辅助，他们赚取合理的差价无可厚非，大家互惠互利，共创共赢。当你发现自己不可避免地在为朋友或伙伴创造利润的时候，不应该心生芥蒂，而应心存感恩。市场空间无限大,当你拥有了足够的能力与能量,你会自然而然成立自己的团队,但针尖大的心胸又怎么装得下那么大的未来?

第二章 微商团队经营

1. 团队裂变的秘密

俗话说：双拳难敌四手，好汉架不住人多。说到某些成功人士时，人们总说，他后面一定有一个伟大的女人，或者男人，好像成功事业就是两个人可以干成似的。其实每一个成功人士背后都有一个成功的团队。我们做微商也一样，你的零售业务能力再厉害也比不过一个团队的配合。如果只靠个人的力量，既要经营朋友圈，做引流，做培训，收发货，还要做客服，那就不可能做大，也不可能做好。特别是在这个互联网高速发展的时代，微商行业几乎以1个月相当于实体行业1年的发展速度不断刷新着新形势，想在这种一日千里的大环境中求生存，组建一支过硬的团队势在必行，且刻不容缓。

举个例子，你代理某个产品，在没有团队的情况下，一天24小时不睡觉，也很难卖出多少货。但你如果能找到20个代理，每人一天卖2件，一个月下来就是1200件。按一件利润10元来算，月收入也有12000元了！你当然可以继续做你的零售，但此时你的工作重心应该是管理好你的团队。要知道，你的团队不仅会为你创造利润，而且会自我繁殖，那时候你的收入势必更加可观。所以我们必须把微商的奥秘挑明：重点不在零售，而在于组建团队。

也许有人说，现实生活可不是做做算术题那么简单，虽然不懂得物理学的人难以深刻理解原子裂变与聚变的巨大威力，但至少我们还是知道世界上有"指数级增长"这个事实存在，所以应该及早组建自己的团队，组团打天下。

团队是由什么组成的？人！所以团队裂变要从人心着手。简单来说，团队裂变无非六个字：菩提心、帝王术。团队裂变，首先是团队领袖自身的裂变，你要从以往甘愿过朝九晚五、平平淡淡的小日子的你，裂变成有信仰、有目标、有能量、有气势的你。只有做到这些，你才能开展下一步，即确定你要做多大的团队，并明确方向，锁定人群，建立组织，培养左膀右臂。

人的收入主要分为两种,即主动收入和被动收入。主动收入就是工作就有钱,不工作就没钱,大多数人都是靠主动收入生活,重复性地朝九晚五地上班;被动收入就是不工作也有钱赚,比如银行利息、收取房租等。一般情况下,如果我们的主动收入和被动收入的比例是9:1,我们会活得很辛苦;当这个比例达到5:5时,我们的生活会发生很大变化。只有组建团队,依靠团队出成绩,被动收入才会越来越多,我们生活的幸福指数也才能越来越高。

组建团队,还可以实现优势互补。以我为例,我的团队里既有"50后"的老前辈,也有20多岁的在校生,有普通员工,有公司白领,也有普通的商贩;有博士、研究生,也有初中没上完的"社会大学"毕业生。他们来自各个阶层、各个年龄段,拥有不同的学识水平,各有所长。这种人员结构实在是太有用了:时间多的去管理群,擅长写作的来写文案,拥有网络开发技能的就做好咱们自己的网站,视频玩得好的进行视频营销推广……相互之间能够借重帮忙的实在是太多,这又岂能用金钱来衡量?

商场如战场,运营微商团队,益处自不必说,还能降低我们事业失败的风险。最直接的一个例子,假如某天我们有事耽搁了,如果我们没有建起团队,只是自己单打独斗，那么这一天就没有收入了。如果我们有团队，即使自己不能正常工作，团队依然在正常运转，这样就可以化解这一天没有收入的风险。

最后要说的是，仅仅组建团队还不够，它只是起点。就像微信那句广告语所说的，"再小的个体，也有自己的品牌"。但不是每个人都能做好自己的品牌。世界上不乏团队，只是缺好的团队。是团队，就离不开管理。如果说德鲁克时代是管理时代，那么现在就是管理加赋能时代。很多企业家个人能力非常突出，大多还是相关行业的专家，也很敬业负责，基本上都是跟员工坐在一起，恨不得看着员工创造效益，但是效果基本上都很差。活儿也干了，班也加了，投资人的钱也花了，回报却遥遥无期。足见他们还没有学会赋能，还停留在管理阶段，而且是那种很落后的管理模式。而赋能时代对领导者的核心要求，就是与自己事业生态链上的所有人一起成长，包括技能上的成长，也包括财务上的成长。很多企业，善于组队，但不懂赋能，结果大量的投入，精心地培养，人才却流失了，相当于把能量转赠给了竞争对手。当然，那些挖人的企业也并不高明，如果它有强大的团队，有足够的人才，还需要挖人吗？

2. 团队向心力的建立

有人说,所谓赋能,其实就是赋予能量。这话不假,但也并不尽然。马云早有名言:"员工离职无外乎两种原因,一是钱没给到位,二是心委屈了。"他是有资格说这句话的,当初,他连每月 500 元的薪水都付不起,但因为心没委屈,他赋予了团队成员信心与能量,所以他的团队始终不离不弃,并且形成了强大的向心力,并在此基础上对外形成了吸引力,吸引来了更多的优秀成员以及资本的青睐,最终成就了阿里巴巴,也成就了团队的所有人。

所以说,向心力的建立尤为重要。

在力学范畴中,向心力是一种拉力,这意味着领导者在建立团队的初期要想尽一切办法"拉拢人、拉住人、拉拔人"。先说拉拢，这似乎是个贬义词，其实是个中性词。怎么"拉拢"呢？刚开始可从家常里短聊起，从工作事业、生活理想聊起，不管你聊什么，只要你不聊负能量，且能把原本对微商不感兴趣的人聊得对微商感兴趣了，你就成功了。拉住，则是说把人聊进了微商的门槛之后，还要拉住他上进，拉住他学习，拉住他参加活动，拉住他销售。人都是有惰性的，你不拉住他，他兴许订完产品就扔在那儿了，他自己心灰意懒事小，重要的是他是从微商领域退出的，人家肯定会问他原因，而他肯定不会把原因归到自己身上。最后是拉拔，也就是提携，拉扯着你的团队成员跟你一起成长，一起成功，一起有钱又有闲，有梦想又有美好的现实。到了这个程度，你想不让他做微商，想不让他尊敬你都难！

以上内容是我们对一个"拉"字进行的外延阐释，下面我们再讲一些更具体的内容。

首先，指点下级，而不是对下级指指点点。

微商小白们喜欢称领导者为老大，而身为老大，你要记住团队成员需要的是你的指点，而不是指指点点。高明的领导者引导的是团队的方向，平庸的管理者才热衷于管理团队的行为。打个比方,你的孩子在外面迷路了,需要你给他指路,这时候你肯定不是在电话里把他大骂一通,而是首先安慰他不要着急,然后问他现在在哪里,具体是什么位置,周边都有哪些标志性建筑,接着问他准备去哪里,为什么要去,先回家行不行,身上还有没有现金等,然后再根据他的实际情况给他指路,并告诉他路上有哪些注意事项,这才是理性的父母,也才是孩子需要的父母。

微商团队也是这样,人家之所以奉你为领导,尊你为老师,就是认定你比他强,能教他,能带他,而不是为了让你贬损、嘲笑、指责的。做领导,不仅要有知识,有能力,更重要的是要有涵养,有耐心,有境界,有格局。那些对团队成员指手画脚的人,只能说他们境界还不够高,格局还不够大,他们只是把成员当成自己赚钱的工具,而不是自己的战友、伙伴和家人。你把别人当家人,别人才可能反过来把你当家人;你把别人当伙伴,别人才有可能成为你的亲密伙伴;你把别人当战友,别人才会跟你出生入死;而你把别人当工具,别人也只好把你当玩具了。

有人会担心:我把他培养好了,他走掉怎么办?这种担心不是没道理的,但你不培养他,他除了走还有别的选择吗？这是人性使然，也是这个时代使然。你不教，自有大把微商团队会教他；你不带，自有大把微商团队带他。还是那句话，团队不稀罕，稀罕的是有吸引力的团队。有吸引力，才有向心力。与其担心资源流失，不如提高自己的质量去吸引资源，天下的资源是吸引不尽的。如果继续待在小巷子里，你的环境只会越来越逼仄，你的资源只会越来越少。因为他们不会永远跟你在小巷子里等，他们需要一片天。

其次，要爱，要尊重。

太阳比寒风更有力量，爱与尊重有很强的凝聚力。在一个组织中，尤其是像微商这种门槛极低的组织，大多数情况下成员的能力、素质以及文化水平都是参差不齐的，是我们无法选择，也不应该选择的。但是不必担心，因为那些伟大的销售成就完全都是这些人做出来的，关键看你是不是一个优秀的领导者，能否把大多数的成员特性都凝聚起来，发挥不同成员在不同方面的优势——但前提还是尊重与爱。古人说得好："尊爵赡财，则士自来；接礼励义，则士以死。"意思是当你懂得尊重自己的合伙人，并且把他们当作自己的父母伴侣兄弟姐妹一样爱护，而不仅仅是像打赏似的给他们些许钱财，人才会自然而然被你吸引而来，为你效力。可以说，只要有了尊重和爱，就算其他地方有些不足，瑕不掩瑜，团队建设也会良性发展。但如果没有尊重与爱，哪怕是很小的不良因素，也可能引发整个团队的垮塌。

最后，是保持良好的沟通。

沟通是人与人之间最重要也是最频繁的活动，人类能够进化得比其他的物种都迅速和成功，一个非常重要的原因就是因为人类掌握了复杂的语言沟通技巧。这使得人类在遇到完全陌生的个体时，也能快速地通过语言进行信息交流和合作。沟通得好，就能增进信任，拉近距离，产生感情，有些矛盾和误会也能及时解除，不至于蓄积至无解状态。

其实争吵也是沟通的一种，只不过这种方式通常只会让误解和疏离加剧，只要沟通得法，大多数争执、矛盾与不开心都是可以避免的。微商通常都是在微信群里聚合，如果领导者或者管理人员不擅长沟通，不仅会影响相应的个体，也会给整个群里所有人带来疑惑与压力，所以领导者必须学会沟通，并且尽量多与每一个团队成员沟通，了解他们的想法，搜集有用的信息，尽量照顾到所有人。领导者还要培养沟通文化，并培养一些"替身"，使他们在自己不在场时也能维护这种氛围,及时处理那些潜在的矛盾与纠纷,保持团队良好的合作氛围,增强团队的向心力。

3. 团队文化的建立

微商团队是一个比较特殊的团队，它不同于正规企业，招聘辞退都不那么正式，也很难管理，那么是不是说微商就不需要企业文化了呢？其实不然，企业文化说到底还是一种团队文化，微商因其组织特殊，或者说非常脆弱，反倒更加需要文化的加持，以维持自身的存在与发展。

有句话说得好：小公司靠感情，中等公司靠制度，大公司靠文化。这句话流传甚广备受认同的原因，不外乎它言简意赅：在小公司、小组织、小团队，老板能看住所有的员工，这种情况下对老板管理水平的要求很低，主要依靠老板的个人魅力来管理公司。小公司的老板更像一个突击队队长，团结所有员工冲锋陷阵，碰到困难即召开群体大会，发挥群体智慧，渡过难关，实现公司的发展。对中等规模的公司、团队、组织来说，制度就是必要的了，因为此时人也多了，事也多了，领导者看不过来，也顾不过来，就需要分工的专业化、协同化，老板要从突击队长变身为指挥员，必要时还要同时指挥多场战役。这种情况下，就需要制度和流程两个抓手，即"制度管人，流程管事"。人是有惰性的，"勿需扬鞭自奋蹄"的人总是少数的，高度自律的人凤毛麟角，这是任何企业、任何组织都需要管理的根本原因所在。当小公司发展成了大企业，小团队发展成了大组织，或者说想实现类似的跨越，就必须靠文化取胜。因为团队规模大了，出现各种问题也就在所难免。部门与部门之间、人与人之间的关系变得更加复杂，又各有观点，往往是公说公有理，婆说婆有理，到底谁有理，就看领导者怎么取舍了。这个阶段对老板的要求，不再是突击队长，也不再是指挥员，而是领袖。用管理界的话说，就是"所谓企业文化不过是企业一把手的文化"。如果老板不具备这种文化，要么他自己努力学习，要么他要懂得让贤，赶紧聘请相应的职业经理人，借力借智。

如今，一些大企业有"企业文化师"这一职位，其地位直追 CEO、CFO 等，应该说这是重视文化建设的产物，是好的发端，但企业文化最好是企业家自己的文化，这样才能如臂使指，挥洒自如。借力借智没问题，但我们自己不能拒绝学习，否则后患无穷。尤其是那些所谓精通企业文化的"大师"，其精通的往往不过是套路，追求语言的华丽，口号的响亮，动作的一致，至于他们提炼出来的企业文化，如愿景、目标、理想等，往往与企业家本人的价值观、性格、心理等不一致，久而久之，就会与创始人的初衷背道而驰，组织也越来越不像企业家原本想要的那个样子。

完全没有文化的团队是不存在的，只有好文化与坏文化之分。有些老板嘴上喊着"以人为本"，内心里却把员工当机器，把伙伴当冤大头，把消费者当傻子，看似精明，实则短视，最终只能是害人害己。有些人可能没怎么上过学，但在社会上摸爬滚打，也悟出了做人不能完全以自我为中心，人人为我、我为人人的道理，从而懂得组织是由所有人共同组成的，它不是资源与人员的机械相加，而是一个有机的整体系统。组织的发展离不开个人的发展，它们是同步的。

当然，团队文化是个很大的范畴，我们不可贪求面面俱到，尤其是短期之内。但有一种文化不仅重要，而且是微商领导者应该第一时间考虑建立的团队文化，那就是家人文化。

我上学的时候，有位老师讲过一个亲身经历：有一天，老师在公共汽车站等车，旁边一个大人带着一个小朋友。小朋友嘴里唱着歌谣："幼儿园是我家，阿姨是我妈。"老师就问小孩："小朋友，阿姨有你妈好吗？"小孩说："没有，哪有我妈好啊，阿姨可厉害了。"团队经营也是如此，微商也是如此，如果你的微信群氛围搞得好，大家不是程序化地彼此叫着"亲"，而是发自内心地感觉亲密，那么大家就会随时随地地关注着群，爱护着群，从而形成良性循环。

再说具体点，家人文化其实就是像家长对待孩子那样的态度文化。微商领导者必须像爱自己的孩子一样去爱自己的成员。

当然这是笼统的说法，爱自己的成员，不是千依百顺，拼命讨好，赔了银子又折腰。爱，有的时候需要严肃些，就好比我们的孩子，如果他不好好上学，甚至不想上学了，只想一天到晚地玩游戏，你会同意吗？当然不会。

我们不仅要给他讲道理，必要的时候还要逼着他学习，不仅自己教他，还要请家教教他，总之不把他教育成材绝不罢休。

当然，成员毕竟不是我们的孩子，我们的爱要有价值，如果有的人确实不想做，我们也不能勉强，不能把有限的精力浪费在他们身上。

人都是有惰性的，如果一个人闷在家做微商，就算一开始激情特别热烈，执行力特别好，通常情况下过两个月就熄火了。为什么呢？因为我们是群居动物，需要互相鼓励，特别是在成绩还不够理想的时候，这时候就需要家人们的认可、肯定、帮助与指点。如能营造出一种家人文化，整个团队几百人天天在一起讨论、互动、分享、鼓劲，结果是完全不一样的。

除此之外，团队领导还要像家长一样天天提醒他们写作业，完成任务，完成得不好还要让他写总结。比如今天有没有加50个好友？有没有向昨天的意向客户提供价值？有没有向老客户提供服务？是否帮助团队成员成长、解决了他们成长中遇到的问题？在这样的不断总结过程中，成员成长了，领导也成长了，团队也成长了。

4. 微商心理建设

所谓心理建设，是指通过教育等相应措施，使人的心理品质按照预期的模式发展。我们都听说过泰国人驯象的故事，那些驯象师，在大象还很小的时候，用一条铁链将它绑在柱子上，小象当时还没有力量挣脱，渐渐地习惯了这种束缚性的生活，不再挣扎。当它成为大象后，虽然可以轻而易举地挣脱，但已经失去挣扎的念头。这就是一种典型的心理建设，而且不限于人类心理学范畴。

如何建设强大的内心，这里有两个不错的建议：

首先，剥去比你强大的人的社会属性外衣。也就是把那些人们约定俗成的成功者的身份剥下来，把他看成和你一样，都是普通人，这样他在你心里就不再有什么优势。

其次，阻击他人语言和行为进入你的心理结构。如果你总是容易受别人影响，那显然你的内心还不够强大。而想要打破这一点，你就要学会不让他人的语言和行为进入你的心理结构。简单来说就是要挣脱社会的价值排序，即对他人的语言和行为不做价值判断，这样你就不会被情绪左右，从而停留在理性层面。

举例来说，你需要开发你的上司为你的微商代理。这时候，如果你心理脆弱，肯定会绕开他，开发谁也不会想到他身上，因为你觉得他可能会狠狠骂你，并斥责你做微商会影响你的本职工作等。这时候你一定要内心强大，告诉自己"他虽然是自己的上司，但大家不都是人嘛，正是因为他现在做我的上司，所以我以后要做他的上司。"怎么做他的上司呢？把他发展成代理不就行了嘛！然后你怀着愉快的心情，找个合适的时机，有技巧性地道出心中所想，而他可能真的会狠狠地骂你，或者轻描淡写，或者选择无视。无论他怎么做，你都要克制住自己的情绪，包括愤怒、恐惧或耻辱感。要告诫自己他的强大其实是种幻象，他如果从事微商的话未来会比现在好一万倍……这样一来，你也许无法说服他，但也会在他心里留下"你很不简单"的印象。重要的是,连他你都敢发展,还有什么心理阴影能阻挡你前进?

到这一步,我们其实还在扮演小象的角色,但最终的目的还是冲破心灵的桎梏,活出强大的自我。接下来,我们还要学会做驯象师,去"驯服"广大的潜在代理。不必有什么心理负担,因为你驯服潜在代理的过程,也是在培养他。你驯服他的技巧,也正是他驯服他的代理以及他的客户所必需掌握的技巧。

这些心理建设的技巧其实是销售心理学的范畴,具体说来有以下内容:

(1)人们要的不是便宜,而是占便宜的感觉。所以不要动不动就让利,相反要学会加价,在加价的基础上再让利,消费者就会产生"这东西原本挺贵,现在我买了就是占了很大便宜"的心理。

(2)别与人们争论价格,要与他们讨论价值。价格是有限的,而价值是无限的。用无限攻有限,自然攻无不克,战无不胜。

(3)没有不对的顾客,只有不好的服务。

(4)卖什么不重要,重要的是怎么卖。

(5)没有最好的产品,只有最合适的产品。

（6）没有卖不出去的货，只有卖不出货的人。

（7）成功不是运气，而是因为有方法。

（8）不要被别人牵着走，而要牵着别人走。比如有潜在代理问："你们和 A 品牌相比有什么优势？"如果你滔滔不绝地给他进行比较，你就掉进了陷阱。你应该反问："您这么说，看来是了解过 A 品牌的，您觉得，它哪些方面让您最满意，为什么？"等他答完，你再淡定地说："我非常理解，这几个功能我们也同时具备，除此之外……"

（9）能见面聊的就不要视频，能视频聊的就不要打电话，能打电话聊的就不要语音，能语音的就不要打文字。面对面交流是最好的成交方法，其次是视频，大家可以见面，有真实感就能增加信任度，打电话与语音稍差，但也比较有感染力，文字除了签约外，是最苍白无力的。

（10）绝不接受对方的起始条件，杀价必须低于对方预期目标。显然，这一条主要是针对那些微商新手而言。

（11）建立共识，避免生硬。多用"我们"，少用"我"；少用"但是"，多用"同时"。

（12）多听少说，多让客户说，每说45秒，一定要调动客户说15秒。保持和对方同样的语速。两三分钟时间内，要找到客户的兴趣范围，引导话题到对方的热点区。

努力让客户记住自己的独特处，而不是公司，也不是产品。关注对方的心理预期、性格特点、素质和阅历。

（13）利用"魔力价格"，也就是诸如 29.99 元这样的价位，因为它比整数 30 元稍低，所以在心理上会被归入 20 多元的范畴，会让人产生便宜的感觉；而哪怕是 30.00 元的定价，也会被归为 30 多元的东西，显得贵。二者再一比较的话，后者似乎比前者贵很多。

5.微商时间管理

时间是什么？

说时间就是金钱，其实这是低估了时间的珍贵。古人早就说过，"寸金难买寸光阴"，时间其实就是生命，谁的时间用完了，谁的人生也就结束了。大家之所以选择做微商，其中还有很多人是考虑到可以利用业余时间来做，是不想让这一生就这么度过，是想让自己的时间过得更有意义，也让自己的人生过得更加富足。

管理学大师德鲁克认为，时间管理是管理者卓有成效的第一要务。为什么？因为时间是限制资源，它的供给丝毫没有弹性；不管时间的需求有多大，供给绝不可能增加；

时间稍纵即逝，根本无法储存；昨天的时间过去了，永远不再回来。所以，时间永远是最短缺的东西。时间也完全没有替代品，我们可以增加知识，增加人力，但没有任何东西可以替代已失去的时间。而做任何事情都少不了时间，时间是必须具备的一个条件。任何工作都是在时间中进行的，都需要耗用时间。

而对于有志于在微商行业做大做强的人，尤其是那些已经小有成就，有了自己团队的领导者来说，时间不仅是限制资源，还是奢侈品。浪费时间就是浪费生命，不仅仅是浪费你一个人的时间，还是所有团队成员的时间。

有些时间必须领导者本人亲自去"浪费"，且不可避免；有些浪费则是因为缺乏管理能力或者组织缺陷引起的。比如说，领导者只懂得利用自己的时间，不懂得利用下属的时间。其实我们应该明白，公司在聘请员工的能力与才华的同时，也"聘请"或者说是买断了他们的时间。你经常听到一些领导者说，我没时间！我没时间休息，没时间娱乐，没时间学习……在德鲁克看来，这些人是"组织的囚徒"。这些人最应该明白的一个道理就是：那些员工，在进入企业的那一天起，其实已经在一定程度上把他们的时间转让给公司了。如果你没有时间，那就学会使用员工及属下的时间吧！这是时间管理的第一课，也是最重要的一课。

做微商只要进入了团队阶段，就要把自己所有的时间进行合理分配，并且建立自己的时间节奏，以免抓小失大，手忙脚乱。

《韩非子》中提到："下君尽己之能，中君尽人之力，上君尽人之智。"一个人的精力终究有限，领导者首先要懂得，时间管理固然重要，但更重要的是确立一套规范，大胆放权，合理授权，明确分工，权责清晰。甩手的才是掌柜，要把精力放在培养助手身上，借力、借智、借时间，让众人分担自己的压力，自己才能轻装前进。

当然，与此同时也要照顾代理与消费者的时间节奏。比如你本人是个夜猫子，后半夜最精神，但这时候你卖东西给谁？大家都休息了，你开会也很不合适。再比如早上9点左右，大家刚刚坐到工位上，显然也不适合发圈与开会、分享。而如果在微商的黄金时段，比如中午和晚上七至十点，你非要去睡觉，这明显就不是做事业的态度。

考虑到大部分微商尚未晋级，这里也介绍一些相关的时间管理办法，特别是以下几个发圈黄金时间段：

一是早上 7~9 点：可开展的工作包括早安问好，如励志语录、正能量文字、阳光图片、跑步动图等；也可以发自己早上做的早餐，让人感受你的真实生活，特别是让人感受到你是一个有格调的人，而不是一个只会发广告的机器人。最好发一些没有人发过的，配图要唯美、清新，不能太辣眼，广告味也不要太浓——就算是你自己，也不喜欢一大早起来就看到广告满天飞，也会一不高兴就把人屏蔽掉。

二是中午11~13点：临近中午时，可以发一张功效图，配上具体的文字，描述自己的感受。然后午饭时间尽量发美食，可以是自己做的饭菜，也可以是自己吃午饭的餐厅，或者吃饭过程中遇到的有趣的事情和有趣的人，以及听到的笑话等，只要是比较生活化的内容都可以。切记，这个时间段千万不要发客户反馈图，会影响大家的进餐心情，就不会对你有好感。

三是下午15~17点：这时是下午茶时间，可以发些养生类的内容，包括产品效果图，记得配上真实照片和文艺抒情的文字，也可以发一些发货图、送货图、收款图等。这时候可以大量发送自己的产品反馈图，让好友们看到产品的效果真的很好，记得必须有客户的见证，否则别人以为你是自导自演。

四是晚上19~22点：从傍晚开始，可以发生活、美食、孩子、兴趣爱好等内容，基本上你想展示的内容都可以发，只需根据自身情况灵活运用即可。因为这是真正的黄金时间，基本上百无禁忌。你可以发效果图、反馈图、发货送货图、收款图、学习图，也可以发各种文章，或者召集麾下队员集中培训，分享知识技巧，尤其是传授时间管理方面的知识。你要告诉大家，微商是持久战，要合理安排时间，才能从容不迫地打赢这场战争。

最后为大家呈上著名管理学家科维提出的"时间管理理论"。科维把工作按照"重要"和"紧急"的不同程度进行了划分，我们的日常工作以及生活，基本上都可以划入以下四个"象限"中：

第一是既紧急又重要的事，如人事危机、客户投诉、即将到期的任务、财务危机等；

第二是重要但不紧急的事，如建立人际关系、新的机会、人员培训、制订防范措施等；

第三是紧急但不重要的事，如电话铃声、不速之客、行政检查、主管部门会议等；

第四是既不紧急也不重要的事，如客套的闲谈、无聊的信件、个人的爱好等。

总之，要学会管理时间，而不是让时间管理你。想要做一个优秀的微商，一定要懂得管理自己的时间。而想做一个微商团队领袖，还要在此基础上学会管理别人的时间。

慢慢来！

第三章 微商招商系统

1. 你和你的代理都需要招商

所谓招商，就是招代理。如果只是孤身一人，就算零售额再高，最终创造的价值也有限。但假如有一帮人帮你销售，一帮人帮你创造效益，而且这帮人还能不断扩大，其创造的价值会有多少，这笔账相信所有做微商的人都清楚，所有的微商也都想做个招商达人。

招代理其实并不难，不然不会有现在几千万的微商基数。难的是招到有效的代理。有效的代理是相对无效代理而言的。大家可能都遇到过类似的问题：好不容易招到几个代理，但完全不出单，怎么说都没用，说得多了干脆不做了。

问题出在哪儿呢？首先在这里强调：能招到高级别的，就尽量别招低级别的。级别低，意味着压力小，但压力小，也同时意味着动力不会太强。如果一个代理投入的是 1000 元，我想这年头是没有几个人会真正在乎这 1000 元的，都赔了也无所谓，不是还有产品嘛，大不了自用。而如果投入金额提高 10 倍，让我们亏 1 万元呢？这就是个大家都不愿意亏的数目了。为了不亏，大家会使出浑身解数，想法子销售。如果他只投入了 1000 元，他可能会想，自己拿去卖一下，看看效果如何再说。如果他投入了 1 万元，他可能就会想，光靠自己零售这么多货，猴年马月才能卖完？还是应该发展代理比较务实。起点不一样，思路也迥然不同。这也是著名作家、画家刘墉先生的办法：学生和他学画画时，他总是要求买最好的画架。因为投入了"巨资"，他们才不会轻易放弃。

很多人在招代理时可能会想，他是我的朋友啊，认识的人不多，之前也没有经验，为他考虑，所以还是让他做个基础的店长比较好。然后就按照自己的思路跟自己的朋友讲，看似为朋友考虑，实则未必如此。如果真的为朋友考虑，就要让朋友掌握主动权，把几个级别的优劣尽数展现在他面前，让他自己选择，我们从旁建议，才是真的为朋友好。

根据我的经验，我认为发展代理时，最好也能让代理招代理。如果他有能力发展代理，而你只建议他零售，反而限制他的发展。

我的建议也符合当前的微商构成。无须讳言，微商以及微商市场主要还是聚焦于二三四线城市，这些城市中又有很多一部分人来自乡镇，或者直接就扎根农村。我们知道，在微商大军中有一部分宝妈，这些宝妈在婚前大多都是在流水线上工作，到了该结婚的年龄，就回到老家，结婚生子，生完孩子就在家带孩子，一来附近就业机会不多，二来挣的钱也不够请保姆。她们通过微商朋友加入其中，之前都没什么经验，也没经过系统培训，如果这时候不能给她们提供系统培训，把货卖给她就不管了，她们做零售，必然是非常困难的。相对来说，做代理倒有些简单，通常她们聊着孩子，拉着家常，对方就被说动了。

所以说，你本人要发展代理，你发展的代理也要给他留出发展代理的空间。你必须让他知道这里面的具体情况和因果关系。

当然，"说服"从来都是个技术活儿。那么，在与他们沟通时怎么说服代理尽量做高级别呢？其实也很简单，我自己通常都是这样跟他们沟通：你一个人销售，不但辛苦，而且成长太慢。零售的利润相对较高，可销量很难上去。如果你做个稍高级别的代理，尽管需要相应的投入，但也可以拥有招代理的权限。比如说，你每天能成交3个零售单子，这已经算不错的了，如果做普通店长的话你只能赚这3个单子的差价，但你拿到代理权后，就可以把他们当中的一部分发展成你的代理，你的代理每天也在零售，他每卖一件货你都是会有业绩的；如果他们也像你一样拥有代理权并且也招到了代理，你们就是一个小团队了。只要把代理培养好，团队就会不断壮大。当你这样讲了，他不会不明白：前者是让他做个货郎，而后者是让他创伟大的事业！

需要我们这么苦口婆心开导的人，通常是没有任何经验的人，而对于已经从事过微商或正在从事微商的人，我们就更加不能让他们做最低级别的代理了。否则你为他考虑，他非但不会感激你，反倒会觉得你没什么魄力。进而他还会抛弃整个团队和品牌，然后选择其他团队的品牌，如果让他做一个稍高级别的代理，组建自己的小团队，只要小有成就，他就会想到你对他的提携……

2. 招代理不如吸引代理

千金买骨的典故想必大家都知道：战国时期，燕昭王昭告天下，广招贤士，但很长时间也没人投奔他。燕昭王便问郭隗，怎样才能求得贤良。郭隗先给燕昭王讲故事，说从前有一位国君，他不惜千金，想求购一匹千里马，却始终买不到。国君手下有位不起眼的人，自告奋勇为国君去买千里马，国君同意了。此人用了数月时间，打听到某处人家有一匹良马。可是，等他赶到当地时，千里马已死。于是他就用百两黄金买下马的骨头，回去献给国君。国君很不高兴，你给我买马骨头干什么？买马骨的人说：我这样做，是为了让天下人都知道，您是真心实意地想出高价买马，而不是欺骗。果然，没过多久，先后有人送来了好几匹千里马。讲完故事，郭隗又对燕昭王说："大王要想得人才，也要像买千里马的国君那样，让天下人知道你是真心求贤。你可以先从我开始，人们看到像我这样的人都能得到重用，比我更有才能的人就会来投奔你。"燕昭王认为有理，就拜郭隗为师，还给他优厚的俸禄，并让他修筑了"黄金台"，招纳天下贤士。消息传出后，一些有才干的能人纷纷前来，燕国迅速强盛起来，不仅夺回了被占领的土地，还差点灭亡了齐国。

在招代理过程中，相信很多微商都遇到过类似问题：好话说尽了，但对方就是不做我们的代理，怎么办？好不容易招到几个代理，结果有跟没有差不多，完全不出单，怎么说都没用。让他们出点货，会找各种借口搪塞你。

其实看完上面的故事，我们应该明白：人才其实都是吸引来的，而不是招来的。刘备的例子恐怕比燕昭王更有说服力，他只是个潜力股，除了人品和抱负，一无所有，若是走普通的招聘渠道，怎么可能招到人？但由于他人品出众，胸怀天下，反倒比那些有钱有势的首领更受欢迎。做微商也是如此，你可以给出堪比世界500强的条件吗？

你可以给出国家机构的铁饭碗吗？都不能。但是你能给人们提供一个创业的契机，你还有相应的人格魅力，仅此，已经足矣。

我们反复强调，微商是个分享的过程。先分享，才谈得上回馈。不过有人说，分享的前提是你自己懂得多少，什么都不会，新手一个，分享什么？其实古人说得好，心诚则灵。尺有所短，寸有所长，就看你想不想分享，就看你怎么看待分享。很多人聊天，聊着聊着也能出业绩，其实这就是一种分享。

前段时间，与一位非常优秀的代理伙伴聊天时，她跟我说，她现在有几千个好友，其中零售客户有几百人，代理有几十个。我当时很惊诧，因为我知道她做的时间也不长，她是如何做到的？她告诉我，她经常给自己的宝宝做爱心早餐，也比较熟悉小儿辅食这一方面，于是就经常在很多妈妈群分享图片，然后有兴趣的人就会加她，请她教自己做辅食。一来二去就和他们成了朋友，再过段时间他们就成了代理。难吗？一点儿都不难。分享也好，招代理也好，都离不开价值输出。不输出，不为别人提供价值，你和你的事业在别人眼中就是无价值的，纵然能舌绽莲花也没用。

我们知道，完全没有价值的人是不存在的。很多人不是没价值，而是意识不到自己的价值所在。人以群分，你就找和你差不多的人去聊、去谈就能体现出自己的价值。

微商这个行业，是个小中见大的事业，还有人能从中见自己、见天地、见众生。具体能看到什么，具体能从中获得什么，要看个人的格局。什么叫格局？这里是指一个人能够惠泽他人的广度。格局基本上每个人都有，生活中有些人比较自私，但也有自己的格局，他们只是格局比较小，小到只能涵盖自己的家人。格局再大些的人，会把亲戚、朋友、乡亲也考虑进来。伟人级的格局，不仅会涵盖本族同胞，而且会泽及全人类。尽管做到这些很难，但我们讲过，心诚则灵，莫以善小而不为。

一个微商团队，其实本质就是一个企业。一个有自己团队的微商，实质上就是一个企业负责人。作为创业者，谁的企业刚开始都不会太大，但我们的胸怀绝不能一开始就很小，胸襟绝不能小，这样自己与企业的发展才不会小。用什么招商？为什么要加盟？用梦想，用情怀。所有白手起家的人，组建团队的阶段都仰赖梦想，组建团队的过程就是销售梦想的过程。

当然，我们也要使用一些基本的心理学。从心理学角度讲，人类特别容易把自己放在一个适合自己的框架中去生活或者成长。以此为出发点，我们可以先提出一般人选择事业的标准，再一条条地告诉对方，我们的事业就是符合这个标准的，也就是强调微商的优点：时间完全自由；收入高且无上限；可以边学边玩边赚钱；符合社会发展的大趋势等。现实的压力之下，没有几个人不动心，他们只是担心自己能不能行。这时，我们再把现有团队中那些活生生的案例展示给他，并具体介绍这些代理是怎么做到的，就能很容易吸引他们，并最终能够把他吸纳为团队成员。

最后，我们要学会利用氛围来吸引人。在一个混乱、消极的氛围中工作是一件痛苦的事情，这样的团队是注定坚持不了多久的。而那些拥有良好氛围的空间，会不断有人向你申请："能不能把我一个朋友也拉进来？我觉得他也适合。"

3. 团队发展的四个阶段

时下,很多传统微商朋友都遭遇到了一个非常大的困境,那就是感觉越来越难做,产品卖不出去,代理开发不出来,囤货堆积如山,无法良性发展。这种情况下,很多带团队的人,别说代理们看不到出路,自己先就慌了。

只要经商就难免遇到类似的状况。但身为领导者,其职责就包括带领大家在残酷的微商江湖中尽可能地避免或减少痛苦,追逐属于我们的幸福。

对传统微商领导者来说,有这些问题很正常,对症下药即可。

而对 2.0 时代的新微商来说,有这些问题就不正常了。

我们不能等到有了症状再下药，而是要提前规避这些问题的出现，也就是所谓的"上医治未病"。

如前所述的问题，其中的要害是什么呢？主要还是团队建设方面的问题，诸如留不住人、群不活跃、没有统一性、战斗力不强、执行力弱、没有配合度等。其实这只说明你的团队当前正处在团队发展的第一阶段。有些团队已经组建很久了，团队规模也不小，但实质上还是处在第一阶段。

通常来说，微商团队发展可分为四个阶段，即组建期、不满期、认同期和收获期。下面我们就来详细介绍一下这几个阶段，以及领导者在每个阶段，以及在每个阶段之前就应该发挥哪种领导力。

第一个阶段是组建期，也叫组建适用期，或者组建适应期。很显然，任何团队刚成立时，都必须经历这一阶段，不可能昨天刚成立团队，今天就成为战无不胜的金牌团队。这个阶段的团队，我们可以分别从"人"的层面和"事"的层面加以分析：在"人"的层面，团队成员之间了解比较少，成员与团队领导者之间也了解比较少，彼此缺少信任与归属感，沟通往往是局限于单向沟通。虽然有人会因此另谋出路，但此时大多数成员的期待都很高，众志成城，整体还是积极奋进的。在"事"的层面，表现为没有明确的工作流程和规范，没有团队愿景和目标，或者说成员缺乏对它们的了解与认同，团队决策一般由团队领导者单向做出。

有鉴于此，在"人"的层面，团队领导者要尽量帮助团队成员彼此熟悉，其本人自然也应借机和团队成员建立良好的信任关系，了解团队成员的性格和优点。除了日常的线上互动外，有条件者还可以通过线下集体活动，如爬山、聚餐、K歌等，营造大家彼此熟悉的场所和机会。在此过程中，要以获取团队成员的信任为中心目标，要让大家理解、明确并确信你没有任何恶意，你是来帮助他们、支持他们、跟他们一起奋斗的。同时，要展现自己强大的专业能力和行业影响力，让他们认识到跟着你确实可以学到东西，赚到财富，从内心里敬服你，你才能相对容易地带领他们前进，打胜仗。在"事"的层面，你要迅速跟团队成员一起梳理各项工作，了解现状，找出差距，包括人与人之间的差距和团队与团队之间的差距，提出改进目标，一起制订策略和行动计划，并在此基础上提出并明确整个团队的愿景与目标，让每个人牢记于心。切记一点，作为团队的领军人物，领导者必须在任何时候都展示出足够的信心。领导者要经常性地通过各种正式与非正式的方式与团队成员沟通，比如晨会、例会、周报、日报、一对一沟通等，并鼓励团队成员之间多沟通，并且要主动沟通。要善于发现团队成员的潜力，便于后期给出更多成长机会。这一点非常重要。如埃隆·马斯克，人们都把他当成了继乔布斯之后最能代表创新精神的企业家。但有一次他直接在电视节目中大哭起来，直言自己活得太痛苦了，面临着太多的压力。他说的是实话，也算真情流露，但在这里不能加分，因为他破坏了公众对他的共识，破坏了自己的人设，股价市值迅速跌去了几十亿。马云其实也讲过类似的话，诸如后悔把阿里做得这么大等，好在他是以开玩笑的口吻讲的，阿里也一直经营得风生水起。而真正值得学习的是任正非：无论好坏，这么多年，他没讲过一句丧气话！

在团队组建期，我们要把握一些关键点，比如不要贪功求快，要精准狙击那些高潜质的人，要站在全局角度考虑各方利益等。当然无论第一阶段做得如何，也难以避免地会进入下一阶段，也就是不满期。任何团队都要经历这一阶段。当然，同样是人，有的人能控制自己的情绪，能让不开心很快烟消云散。有的人则不能，会让自己小小的不开心发展到让整个团队不开心。团队经营也是如此，这一阶段不仅仅是成员的不满，实际上也包括了领导者自己的不满，这是一个相互的问题。而如果控制不住的话，不满就会引发一种现象：代理不断流失！另外，第一阶段与第二阶段并不存在非常明显的界限，同时，第一阶段存在的问题在第二阶段仍然有可能存在，第二阶段的一些现象在第一阶段也可能出现在。也就是说，"不满"可能在团队组建期就开始孕育了。如果领导者意识不到这一点，或者虽然意识到了但是无法解决，那就会出现一种情况：一方面他和助手们在拼命发展代理，但现有代理却在拼命地出逃，总是入不敷出，让精力与时间付之东流。

第二个阶段也有自己的主要特点，不仅仅是负面的，也有好的方面。比如成员之间有了一定交流和互动，但默契还不够；团队成员和团队领导者不再单向沟通，能够进行一定程度的双向沟通；团队成员的期望和现实脱节，有人对未来不自信，出现挫败感与焦虑；团队里形成了小团体，人际关系紧张；各种工作流程和规范依然没有，工作比较混乱，但已经开始运转，等等。鉴于此，这一阶段，团队领导者要注意安抚人心并及时化解矛盾，同时要注重区分冲突的性质，找出冲突的根源，了解事情的来龙去脉之前，千万别急着下结论；要在分析团队成员的性格、优势与不足的基础上，对成员角色进行分工与安排，培养归属感，减少不安；要抓住一切利好的机会鼓舞团队士气，善于树立典型，对于取得突出成绩的队员要尽可能地为其争取荣誉，号召大家向优秀者学习。而如果遇到冲突，必须高姿态、有理有利有节地处理，而且必须顾及对方的颜面。如果处理得当，反而能给领导者的形象加分。

不满期的斗志相较第一阶段肯定是削减的、低落的，就好像一堆被细雨淋了的篝火，需要加把火，才能重新烈焰熊熊。但如果不加火，雨反倒更大了，那么团队的斗志就有熄灭的可能了。

只要能度过不满期，就会步入相对顺利的第三阶段——认同期。在认同期，团队会逐渐形成独有的特色，成员之间能顺畅沟通，无私地分享各种观点和各类信息，团队荣誉感很强。即使面对极富挑战性的工作，也会表现出很强的自信，在特殊情况下能激发自我潜能，超水平发挥，这样的状态以及对终极成功的渴望，会催动团队进入巅峰时期。这一阶段，领导者要有意识地塑造符合团队特色的团队文化，培养成员的归属感、使命感和自豪感，要关注下属的个人需求，进行有针对性的激励，设置相应的奖惩机制。如有害群之马，马上杀一儆百，绝不姑息。当然，这里所说的害群之马的危害必须是有目共睹的，刻意抓典型的惩处，只会引发负面效果。

如果能再接再厉一段时间，我们先前的努力就会开花结果，也就是团队发展进入收获期，也叫成熟期。这时候，团队上上下下充满自信，分工比较明确，角色定位也比较清晰，战斗起来所向披靡。此时，作为团队的领导者，要更多地把精力放在把控团队方向与人才的引进、培养上，要注重群策群力，合理授权，共享决策，不搞"一言堂"，要有更大的视野，要不忘初心，保持信仰，做出更大的成绩，分享更大的战果。

4. 团队管理的三大要素

没有规矩，不成方圆。像微商这样的松散型团队，如果不能有效管理，势必如一盘散沙，败绩连连。

在这里，我们还非常有必要明确一下什么叫"团队"。并不是很多人聚在一起就叫团队，就好比一个村子里住了很多农民，但你能说他们是一个团队吗？肯定不是。除非你能通过培训等方式，让他们具有共同的信仰或目标，才能称其为团队。

目标，这不仅是团队的要素，也是团队管理的三大要素之一。团队管理的三大要素分别是目标管理、制度管理和情感管理。我们先从目标管理说起。

有句话说得非常好：梦想比较虚幻，理想比较现实，而目标则更接地气，因为目标强调"落到实处"。目标即方向，它是驱使人向前迈进的源动力。哈佛大学做过一个十分著名的跟踪调查，对象是一群智力、学历、环境等条件都差不多的年轻人，跟踪调查了25年，结果发现：有清晰的、长期的目标的人，都成了社会各界的顶尖成功人士。有清晰短期目标者，大都生活在社会的中上层。模糊目标者，或者说没有目标的人，几乎都生活在社会的下层，甚至是底层。做微商也是一样的道理，为什么有的人能做大代理？有的人只能做小代理？一个主要的原因，就是有人有清晰的、长期的目标，赢在了起跑线上；有人没有目标，从一开始就输了。这个起跑线不是父母、家庭提供的起跑线，而是我们自己对未来的规划。

为此，我们首先应该给自己制订一个目标，也给自己的团队制订一个目标。

目标不是随便制订的，它有自己的原则，也就是SMART原则。其中，S指明确性（Specific），M指可度量（Measurable），A指可实现性（Attainable），R指相关性（Relevant），T指时限性（Time-bound）。明确性，指目标不能随意化，要清晰、明确，使团队成员能够准确理解。可度量，要求我们将目标量化，有明确的数据作为衡量是否达成目标的依据，比如一个月辅助3个下级代理升级，并转化3位新代理。可实现，是指目标的制订要根据团队的实际情况来设计，一定要让团队成员够得着，不然会让人觉得遥不可及，把人吓跑。比如让他一个月之内发展1万个代理，销1亿件货。这就是不切实际，强人所难了。相关性，是指各项目标之间要有关联，能相互支持，符合实际。比如目标分解后通过代理裂变新进引流200人，有20%购买了我们的产品，并且转化了10%成为新代理。有时限，是指目标设置要有时间限制，其中包括制订完成目标的时间要求，定期检查目标的完成进度，以及有异常情况时及时调整目标计划。

值得进一步强调的是层级分解这个概念，也就是把大团队的总体目标层层分解到小团队中。比如某产品的省级微商代表每月任务目标为销售额20万元，每名省级代理（以下简称"省代"）有10名市级代理（以下简称"市代"）的话，任务就被分解成了市代每人每月2万元，每名市代如果有20名精英代理的话，每个精英代理的月任务只不过1000元，精英代理可以再往下面的店长们身上分解。乍一看，20万的目标感觉很困难，但层层分解之后，不仅不困难，大家更有信心了，任务也变得更加清晰可见。

接下来我们讲第二个要素，也就是制度管理。我们常说没有规矩，不成方圆，其实主要讲的就是制度管理。没有制度，你凭什么说人家说得不对，你为什么讲人家做得不好？没有制度，你自己的言行也没有依据，一不留神就会犯"只许州官放火，不许百姓点灯"之类的错误。所以作为团队领导者，你必须制订相应的制度，并以身作则，率先执行。

一个微商团队，第一，要有日常微信群制度。微信群是我们的公司，也是我们的办公室，所以必须有群规。这一点，大家可以根据实践逐步完善。第二，要有定期的会议，每天定时开会交流，长期坚持，团队会越来越专业化，越来越有凝聚力。第三，要制订权利义务制度，有权利就有义务，每个人各司其职，各负其责，团队才能高效运转。第四，要有奖惩制度。具体奖什么、罚什么，可以根据团队来定，要注意的是必须重奖励、轻惩罚。

另外，团队要有培训制度，没有知识武装的团队是难以维系的，每个真心想把微商做好的人都非常渴望充实自己，所以成熟的微商团队必须有培训制度。除了团队领导者要非常主动地、持续不断地去学习、去提升，然后无私地分享给大家，还要经常举办各种培训会、交流会，让每个成员都进步，聚众力，汇众心，整个团队的进步就会非常大。

胜在制度，赢在执行。有了制度，还要确保执行。团队的领军人物与高层管理要具备引领能力，要通过学习与实践，不断提升自己的领导力。要经常监督团队成员，随时随地传递制度意识，从上到下，层层带动，同时还要乐于接受团队的监督，进一步严格要求自己。

但制度解决不了所有的问题，它有很多无能为力的地方。而且，制度是死的，如果僵化地执行，执行力倒是有了，但团队往往给"执行"没了，特别是微商这种松散型团队。领导者不能总与成员们讲制度，要想一想，自己手中除了制度还有什么底牌？还有其他什么资源？当然，就算你没有其他资源，只要懂得情感管理，往往能得到制度管理无法企及的效果，并且规避了相应的弊端。

情感管理自身也有三重要素，分别是民主管理、形象管理和情感管理。其中，民主管理的核心是以身作则，"天子犯法与庶民同罪"，无论是管理者本身还是被管理者，大家都是平等的，你不允许团队成员做的事情，你也不要去做，你要求团队成员做的事，你先做出榜样。不把自己和团队成员这台天平放平,不以身作则、为人表率,就不能感化自己的成员,执行力和凝聚力都是空谈。形象管理,则是指我们每个团队领导者或高层人员,要树立团队的引导者的形象,做个有领导力、有影响力的人。大家要学会包装自己,在团队面前尤其是在新进代理面前,一定要注意展示自己最好的一面。情感管理,也就是想方设法进入他们的心,融化他们的心,有了情感的维系,陌生人才会变成亲密战友;失了情感,亲人也会变成陌路。可以说,是人就需要情感,这是著名心理学家马斯洛的需求层次理论告诉我们的,我们在认识的基础上,要充分给予团队成员们心理认同和情绪满足。要建立感情联系,最重要的还是沟通。成员有好事的时候,要第一时间去恭喜、祝贺;成员遇到了难题、疑惑的时候,要主动积极地为他们排忧解难。当他们拼搏的时候,要为他们加油激励,与他们并肩作战;当他们缺乏信心时,要及时明确地给予坚定不移的信心;当他们羡慕、称赞、感谢你时,要学会分享与感恩,要知道谦虚礼让,要时刻明白并告诉大家:没有你们,就没有我的现在,也没有更好的未来!

5. 微商与合伙人制度

很多微商团队管理不好,一方面在于很多微商领导者不了解微商团队的实质,组建的是松散型团队;另一方面在于他们硬是把一些只适用于传统企业的条条框框生搬硬套到微商团队的管理与运营之中。其实,微商团队因其特殊性,更加适用"合伙关系"这个时髦字眼。

近年来,合伙人制度成就了不少人,最著名的应该就是马云与他的阿里巴巴。有着"马云背后的男人"之称的阿里董事局执行副主席蔡崇信曾经发表过一篇名为《阿里巴巴为什么推出合伙人制度》的文章,其中写道:"我们提出了一个合伙人的公司治理机制,这个机制能够使阿里巴巴的合伙人即公司业务的核心管理者，拥有较大的战略决策权，减少资本市场短期波动影响，从而确保客户、公司，以及所有股东的长期利益。在这个不断变化和颠覆的世界中，保持公司的创新能力、文化和使命，是成功的关键。合伙人制度是一种创造性的方式，在保证股东核心利益的同时，也坚守着'我们是谁'——这一点我们不能，也不会改变。"

再比如雷军，他在一次演讲中曾说："利益比感情重要，合伙人制度比传统制度重要。"雷军创办小米时，为了争取一个硬件工程师做合伙人，先后打了90多个电话，但对方始终不相信小米能盈利。雷军就问他："你觉得你钱多还是我钱多？"他说："当然是您钱多。"雷军就对他说："那就说明我比你会挣钱，不如我们俩分工，你就负责产品，我来负责挣钱。"正是这句话，让他选择了加入小米。最重要的是，他是带着投资加盟的。小米创业初期，雷军一共找了75个合伙人，包括全体员工，每个人都投了钱。尽管雷军说，这让他压力很大，因为每个人都是自己的老板，每个员工都可以到办公室去问："雷总，我们公司办得怎么样了？"但我们知道，通过合伙人制度，他在最短时间内聚合了人才，以及人才背后的资源。

那么，标准意义上的"合伙人"是什么概念呢？其实它是法学中的一个普通概念，通常是指以其资产进行合伙投资，参与合伙经营，依协议享受权利，承担义务，并对企业债务承担无限（或有限）责任的自然人或法人。就目前的微商而言，做得好的基本上都是采取了灵活的合伙人制度发展模式。

合伙人制度对微商的发展起着至关重要的作用：首先，它可以激发大家对利润的合力追求；其次，我们不再是单兵作战，而是团队化创造，然后分享利润；再次，可通过资本力量搭载强大的分销系统，从而快速完成前期代理募集；最后，通过合伙人制度，微商可以获得更加稳定的发展，因为合伙人制度对团队成员有培训义务，能进一步提高代理销售能力。

拍拍网就是一个不错的案例。2015年初，拍拍网正式对外宣布，将投入价值1亿元的资源，公开招募1万名微商合伙人，正式布局以人为核心的移动社交电商生态。成为其微商合伙人之后，平台会遴选出最新款和最优质的商品，免费提供给合伙人试用，并根据合伙人提交的体验报告评估商品的传播价值和使用价值。符合要求的商品就会被设置返利的CPS机制，合伙人可通过各种途径的分享推荐给自己的朋友，一旦成交，就将给予合伙人返利奖励。很短时间内，拍拍网就聚拢起了优质的资源，为日后的发展积累了重要力量。

同年，同样令人印象深刻的还有良品铺子。当年秋，良品铺子发布公告称，招募互联网城市合伙人，合伙人可通过发展微客消费，获得投资回报。良品铺子表示，合伙人必须满足拥有合法经营权、认同企业理念和文化等条件，有意者经过意向沟通、缴纳保证金、签约等流程后，方可成为良品铺子的正规军。合伙人投资方案包括宣传物资设计、宣传支持、诚信保证和推广培训支持等内容。合伙人经营模式可概括为三步：首先，由统一的移动商城为合伙人分配渠道ID，开通分销商后台，合伙人生成虚拟店铺；其次，合伙人设置佣金发展微客，微客通过分享链接促成消费者消费；最后，消费者购买，微客获得佣金。合伙人投资回报主要从微客消费和微客裂变中获得，根据微客消费金额，结合比例进行分成。

应该说，拍拍网和良品铺子的起点较高，但是想想看，为什么他们起点这么高，还要这么做呢？很简单，企业越大，需要的资源也就越多，如果能够通过合伙人制度，既融到人才，又融到资源，同时又有了基础用户，一举多得，何乐而不为呢？传统的微商常常抱怨自己资源有限："我要是有百万资金就好了，我就能做省代，可是我没有。"而合伙人制度其实已经超出了普通企业的制度范畴，它属于资本运营的范畴，意味着我们只要有一套合理的模式，就可以吸引各种资源，并通过微商平台的运作来完成资源共享，实现共赢局面，达成自己和团队成员的愿景和梦想。说简单点，就是资本化赚钱。否则，一群"草根"再怎么努力，也只能是一个个的小生意人。反过来说，那些不谙此道的散户微商，在未来行业资本聚集并不断洗牌的过程中，只会越来越艰难。

6. 好的 OPP 让你的代理商倍增

OPP 的概念最早由美国连锁加盟行业实践，被广泛应用于销售领域。处在销售阵营中的微商，当然也不应错过对它的运用。

所谓 OPP，其实就是 Opportunity，即事业机会、创业说明会等。其目的在于通过聚会，帮助直销商销售，并招揽新会员。它通常是一种半公开的活动，需要大型的、正式的会场，还要有灯光、麦克风、音响，以及投影等设备。也因为成本较高，一般都由公司或经销商组织。基于效果和成本考量，需要尽可能地邀约，至少要四五十人以上参加才能盈利。

同时被引入中国的还有 Home Party 概念，指在家里通过聚会来试用产品和说明制度的活动，即家庭聚会。很显然，它在本质上与OPP是一致的，只是规模稍小。

举办OPP也好，办Home Party也罢，都是为了聚集身边的资源，也就是微商界人尽皆知的"兔子先吃窝边草"概念。要知道，我们的亲朋好友、同事、邻居等天然就是我们最重要的资源，而他们身上以及背后更是有着各种各样的资源，但我们也往往容易忽视这些身边的资源。其实创业最关键的一步就是起步。如果能发展好身边的资源，我们的起步肯定相对容易、轻松，能走得更快，更快走入正轨。反过来说，如果连身边的人都无法理解和支持，连身边的资源都谈不上为我所用，还说什么将来呢？

可能看到"OPP"这个洋名字，很多人会下意识觉得很难，其实一点也不难，以下是其步骤流程，大家照章执行就行。

首先是邀约，共分五步，分别是寒暄赞美；开门话术；提出邀请；异议处理和促成邀约。其中，寒暄赞美是为了营造一个轻松愉快的氛围；开门话术则是通过一些开放式的问题，激发邀约的对象对现状的不满，引发其忧虑，促使其产生改变现状的动力。比如"你对现在的收入感到满意吗？""现在的工作你愿意从事一辈子吗？""你觉得自己的能力、付出与收入成正比吗？""如果给你机会，你想不想趁着自己还年轻，挑战一些很有未来的事业？"不出意外的话，答案都会是肯定的。然后你就可以向对方提出邀请，准确向他介绍创业说明会的时间与地点，要突出创业说明会的特色，邀请对方参加。比如："我们将在周日下午两点于东方大酒店举办一场创业说明会，主讲是一位财富新贵，他会跟我们分享自己赢得高收入的心得和办法，你可以去听一听。"如果他表示同意，你就不必多说了，直接进入下一步。如果他不同意，或者找各种理由推脱，你可以说："没有关系，不过我认为这是个非常重要的机会，您本人又是这么优秀，实在不应该错过。这样吧，您暂时不必决定做与不做，您参加完我们的说明会再做决定如何？"然后再次强调创业说明会的时间与地点，并运用二选一法让他马上做出决定："您看我是明天上午9点还是下午3点把门票送给您比较合适？"

这一阶段需要注意的问题包括：邀约前要调整好自己的心态，坚定信心，发自内心地相信自己是在做一件对他人有所帮助的事；准备邀请谁，要首先收集他的资料，分析他的需求；一定要当面邀请，不要打电话、发邮件等；不要在邀约阶段回答他的任何关于项目问题，所有问题请他参加创说会时或者会后咨询专家;你可以邀约任何你认识的人;创业说明会前一天务必电话提醒对方。

最重要的一点:如果你是创业说明会的主讲者,你还要充分掌握自己的主讲内容。如果你暂时还没有经验或资格,那就在会场上与你的邀约者一起好好学习。记住,你不是简单地听听、学学,你必须达到有一天能自己策划、写作、主讲一场创业说明会的程度。

其次是会中帮助,这里的帮助主要是帮助主讲者或主持人维持秩序,具体内容包括:创业说明会开始前电话提醒对方别错过时间,并说明有专人接待,不要轻易到门外或车站迎接;电话提醒的同时,以短信告知具体乘车路线;在平时多熟悉创业说明会的流程与内容,以免被邀约者提出这些问题我们答不上来或支支吾吾;言行亲切自然即可,不要过分热情,避免引起对方的不适感;强调会场纪律,并提示他注意听最重要的部分;如不陪同参会,告诉对方自己的行踪和联系方式;如果被邀约者姗姗来迟,陪伴进场,注意安静,不要交头接耳,等等。

最后就是会后追踪,其目的一是与被邀约者再次见面,了解他听完创业说明会后的感受与顾虑,并最终促成其加盟;二是在此基础上促使新人早一点参加培训。

第四章 微商培训攻略

1. 好的 NDO 为团队插上翅膀

NDO 即 New Distributor Orientation 的缩写,意思是新进经销商导引,用通俗的话说就是培训。在微商行业里,当你经过最初的不易,成长为团队领导者之后,你的客户往往也是你的经销商,他们同时扮演着代理与消费者的角色。同样地,他们会成长,他们的代理也同样像他们一样扮演着双重角色。而为了让他们更好地成长,进而使整个团队不断扩大,形成我们的微商部落,我们就要对新人进行相关的培训。培训的结果直接跟我们的事业息息相关,好的 NDO 可以为团队插上翅膀,不好的 NDO 也会让团队掉队,甚至让人离队。因为微商团队那么多,能选择的话，别人一定会选择一个善于带新人的团队。

首先我们要明白"培训是什么"这个问题。其实，大众对培训存在很多排斥心理。有人觉得培训师是自导自演，开培训课时，就像演员一样，对着观众表演节目。有人觉得培训华而不实，被华丽的宣传以及高大上的海报吸引，花了很多钱去听课，过程中虽然满是掌声，气氛很活跃，事后回顾起来，却发现收获甚微，培训师讲的内容对我们的工作生活并没有什么实际用处。还有人觉得，培训就是各种兴趣班、出国集训班，只有需要学习某些特定内容的人才会有所接触，而一般人每天上班下班，又不出国，哪需要什么培训呢？

事实上，培训就在我们身边，和大多数人的生活息息相关。只是我们体会不到而已。比如，我们有很多微商代理是宝妈，在带孩子的过程中，教孩子走第一步，教孩子牙牙学语，告诉孩子别相信陌生人，不要一个人到处乱跑，这些难道不是培训？再举个例子，我们在准备一趟旅行时，特别是没有经验者，多半会请教朋友，这时朋友就会给出建议，我们自己也会浏览互联网查阅相关攻略等，这些也相当于别人给我们做培训。所以说，培训到处都有，凡是与传播知识有关的事情，都与培训有关。

那么，微商如何做好培训？应该注意哪些关键点？

首先，培训应该是有目的的。家庭教育是为了孩子茁壮成长，生活经验分享是为了提高生活质量，医生的指导是为了更加健康地生活，微商培训是为了提高我们的微商技能，帮助成交，与大家共赢。

其次，培训是为了促进自发学习。作为培训师，首要的是能启发学员的思维，能够举一反三，学以致用，而不是填鸭式地培训。大家可以回顾一下，我们以前读书时，老师不可能把所有题目都讲一遍，只能教一些方法，我们在老师的循循善诱下，应用相应的方法，就可以解同类题目了。这就是自发学习的初级阶段。微商培训也如此，培训师不可能面面俱到，但只要能打开大家的思路，促进大家自发学习，就是好讲师。相对应地，也只有能举一反三的学员才称得上好学员。比如当讲师讲到QQ引流后，学员会想：那我微博上能不能引流呢？理论上是可以的，但光有理论不行，还要去尝试。

最后，培训能增加集体的凝聚力。通过培训，能提高团队的凝聚力。特别是通过思想的交流，团队会产生统一的思想和目标，团队成员会自觉接受管理。

接下来，我们讲讲如何才能做好培训。

第一，自然是我们自己亲力亲为，特别是在团队初建的时候，整个团队就你一个人懂，你不培训，让谁培训呢？

第二，是复制带教，也就是教代理带下一级代理。如果你能培养10个人，那不仅意味着会有10个人帮你培训，还意味着10个人帮你赚钱，如果他们各自又复制了10个人，是不是有100个人在帮你挣钱了？继续想想，通过这种方法，裂变自己的团队，假以时日，拥有百人、千人团队，真的不是梦。

复制带教也要有针对性，针对小级别代理和中高级别代理，复制带教的内容也有所不同。

一般来说，针对小级别，复制带教的内容应以基础内容为主，包括产品培训、榜样树立、朋友圈打造、沟通技巧和吸引熟人这五点。①产品培训的目的首先是促进自消费。不仅是让代理了解产品，帮助销售，更重要的是让代理爱上产品，自己消费产品。只有自己爱上并且使用这个产品，他才会更加彻底地去了解产品，才能更好地销售。②树立榜样，是为了树立信念，让小级别代理有成功的希望，有积极努力的信念。怎么去树立榜样呢？可以通过分享一些成功微商的故事，或者分享一些微商人经过艰苦奋斗最终成功的事迹……③朋友圈打造，好比我们线下的门店打造，包括装修、店员形象、素质、理念等。微商是在微信上售卖产品，能否吸引人购买，能否让人相信你并加入你的团队成为你的代理，朋友圈发挥着最基本也最重要的作用。一个优质的朋友圈一定会吸引别人读下去，产生信任，促成成交。④沟通技巧，总的来说要记住，现在的销售不再是以往的硬推销，而是柔和地与顾客分享，通过分享价值促进销售，或者利用人性的优点与弱点，辅以一些专业话术，实现业绩增长。⑤吸引熟人，也就是"杀熟"，我们已经不止一次讲解过，努力将身边的朋友，转化成自己的代理，不仅是微商第一课，也是永恒的一课。做到最后，我们还是在重复着开发新朋友，变新朋友为老朋友，变老朋友为客户或代理的过程。

而针对中高级别的代理，该怎样去复制带教呢？

这里建议分两个阶段施行。第一阶段应注意以下五点：一是培训基础性的引流技能，比如QQ引流、地推、混群等，微信好友要达到几千人；二是讲解团队与招商技巧，培训中高级别代理招商的技能，学习如何去讲解才能成功招商，才能转化更多的代理；三是培训策划简单的招商会议，包括线上和线下的招商会，线上的招商会比较简单，容易操作，线下招商则比较复杂，这方面内容我们会在后文具体阐述；四是掌握小级别代理的培训内容，并培训自己的小级别代理，小级别代理们都成长了，团队才能茁壮成长；五是注意心态调节和管理，这点为很多人所忽略，但微商心态真的非常重要，同样的条件，心态好的肯定比心态差的更容易获得成功，也更有益于团队的发展。第二个阶段，一方面要掌握更高难度的技术性引流，比如付费广告、付费百度推广、付费头条文章等。另一方面，要学会团队复制，这里强调的依然是要把第一阶段的内容复制到自己手下的代理们，团队复制裂变，才能生生不息，日益强大。

2. 想做赢家，先做专家

前两年有句网络流行语，叫"你若盛开，蝴蝶自来；你若悲哀，花都不开"。做人，最重要的就是加强自己的能力，让自己不断变强大，只有这样，才能让自己的生活在别人眼中精彩起来。为什么要在别人眼中精彩起来呢？这是相对于微商团队开拓而言的。试想，在别人眼中你当前还活得很失败，你怎么去发展代理，让他们跟着你干？他们会自然而然地想："这个人都混成这样了，看样子微商实在是不能干！"你自己不成功也就罢了，还影响了别人对微商的印象，罪莫大焉。

很多人可能都听说过这样一个真实案例：近百年前，

美国福特公司因首先应用流水线生产汽车,迎来了企业发展的黄金时期。但有一天,公司的一台大型电机出了毛病,整个车间都不能运转了,内部的维修人员费了九牛二虎之力,也找不出问题出在哪儿,更谈不上维修了。经人提议,公司请来了电机专家斯坦门茨。斯坦门茨仔细检查了电机,然后用粉笔在电机外壳画了一条线,对维修人员说:"打开电机,在记号处把里面的线圈减少16圈。"人们照办后,故障马上排除了。然后公司问斯坦门茨要多少酬金,斯坦门茨说:"不多,只需要1万美元。"1万美元?这在当时可是个天文数字,就只简简单单画了一条线?斯坦门茨笑笑说:"画一条线,1美元;知道在哪儿画,9999美元。"福特公司的管理层深以为然,马上照价付酬,并高薪聘任他为公司的技术顾问。生活中其实不乏类似的例子,谁都搞不定,某人来了三下五除二就解决了问题,这样的人,我们通常称之为"大神"。

就像诸葛亮在舌战群儒时所说的"若夫小人之儒,惟务雕虫,专工翰墨,青春作赋,皓首穷经;笔下虽有千言,胸中实无一策"。这句话是讥讽一些所谓的谋士的:遇到问题你拿不出策略,算什么谋士?我想,那些由于自身能力欠缺,而没能带领手下代理们赚到钱的微商团队领导者，估计也没少受类似腹诽，乃至赤裸裸地质问："没有金刚钻，莫揽瓷器活儿。你自己都还不懂，为什么要拉我下水？"

如果你自己还只会杀熟，只会发发朋友圈，那你就别急着组建团队，因为结果只能是赔了夫人又折兵，费力不讨好。想做赢家，先做专家。没有人生来就是专家，只有在专业领域内拥有一定专业知识的人，才可以叫专家。古人有"一字之师"之说，我们说，只要能够切实教人一些别人不知道的微商知识，那至少在微商这个行业，你就是老师。没做微商之前，大家都是新手。但时间久了，学得多了，想得深了，大多能总结出自己的一套方式。暂时还没有自己的方式的朋友也不要急，这正如人脉的积累需要时间一样，只要你不拒绝学习，只要你是个有心人，你的专业知识与行业经验就会慢慢提升，最终你的销售业绩会逐渐提高。

举一个很有启发意义的案例：

我的一位学员小王，他当初做过我的代理，做我的代理时已经不是新手了，在微商面膜最火的时候他就入行了，但做得很差。他是怎么做的呢？当时，他刚拿完货，马上从身边的朋友开始入手。他首先找到的是自己的原同事兼好朋友,小杨女士,然后向她推销。小杨很豪爽,很痛快地接受了,他的第一单就算成交了。

没几天,小王又去找小杨,问效果如何。小杨其实根本就没用,但碍于情面,她勉勉强强把产品夸了一遍。这下小王来劲了,既然这么好,那你赶紧再买一盒。小杨一如既往的豪爽,又买了一盒,但依然不用。

一段时间以后,小王再次向小杨推销,小杨实在受不了了,直接说"我不要了,上次买的还在家里放着呢!"小王说:"你应该坚持用的,你怎么不用呢?这堪比国际大牌,而且我卖给你我一毛钱都没赚,你怎么不理解,干吗不用?"小杨解释说,"其实我这个人你知道,是女汉子,不爱化妆,也不爱保养,再说我天生丽质,用不着,上次买是因为想帮你,事实上我不需要,所以一直没用……"

从此以后,小王心里拧了疙瘩,反复想,"我原价给你,你还不捧场,你肤色那么好,说自己不用面膜,鬼才信!你反正都要用,为什么不用我代理的呢?我又不赚你的钱,买到就是你赚到了,居然不用……"小杨呢,以后也躲着小王,生怕他再"安利"自己。

可能很多朋友都有过类似的经历，在微商的早期阶段，由于人们大多从发展身边好友开始，从而产生了很多问题，最主要的就是朋友碍于情面买了产品，却伤了彼此的感情。这说起来也算情有可原，但很多人事到如今也没能想透其中的关节，这才是不可原谅的。

干一行就应该爱一行，而爱一行的基础是对这一行有基本了解。像上面例子中的主人公小王，他的做法其实有很多硬伤，最大的硬伤可能就是他不该选择做面膜代理。他是个男士，男人用面膜的少。你自己都没用过，你怎么能说它好呢？你让你女朋友用用也好啊，问题是他还没有女朋友。事实上，他是想借机"发展"一下小杨，既发展代理，也发展女朋友，结果原本不错的关系，反倒渐行渐远。这已经不是是否专业的问题，而是是否纯粹的问题了。也有一些人，有了伴侣，但一提到钱就抹不开面子，总是"你用吧，用着好再说"，其实在商言商，我们没必要不好意思，真正应该感到不好意思的，是你应该在卖产品的同时提供很多专业级别的服务。还拿上个例子来说，万一小杨想让小王介绍一下面膜的具体好处是什么，或者想让他分享一下体验心得，岂不更尴尬？如前所述，微商没有销售，只有分享。什么叫分享？它必须是建立在我们亲身体验的基础上的，像小王这样，能叫分享吗？

除了要做产品知识方面的专家外，对于有追求的微商团队领导者来说，我们还要努力成为销售专家。销售的本质是什么？销售不是卖东西，而是满足需求。销售的过程，实际上是一个分析需求、判断需求、解决需求、满足需求的过程。还说小王，其之所以选择把面膜推销给小杨，无非是基于小杨是女士，就想当然地认为她有面膜的需求，换句话说，他的第一步——分析需求就走错了，结果自然是失败。销售无疑是个辛苦活儿，但他显然是把销售当成了力气活儿，以为凭着一身蛮力，就可以撬动客户，这实在是一厢情愿。

3. 销售是很高级的事业

经常听人说，"会聊天，你就赢了！"会聊天，确实是优势，很多人不是苦于没有这种优势，而是连基本的聊天都不会，只能"爱你在心口难开"，每到关键时刻总是失语。所以俗语才说，"好人出在嘴上，好马出在腿上"。

归纳起来，这些人的问题不外乎以下几类：不会说、不敢说、不愿意说、不好意思说。而归根结底，其实是自信心不足。比如很多人不敢说的原因是怕说错，害怕顾客比自己懂得还多，自己一旦说错了会被人笑话，还影响团队和品牌形象；另外，就算说对了又怎样，客户不买的话自己多没面子？其实这是把心思用错了地方。这些人只要多拿出些精力放在"勇敢说"上面，而不是勇敢说了之后的结果上面，这样马上就会有所改观。客户比我们懂得多没什么不好，正好可以借机请教一番，如果可以既卖出产品，又学到知识，岂不是一举两得？客户不买也没关系，作为销售人员，我们有义务向客户介绍我们的产品，我们顾虑太多，没能及时满足客户的潜在需求，或者没有针对性地解决方案，才是失职。就算你说错了也没关系，一回生，二回熟，很多优秀的演说家都是从嗑嗑巴巴、漏洞百出的"首秀"开始的。不开口，你会以为自己永远也不敢开口；而一旦开口，演说也罢，话术也罢，口才也罢，都不过如此。

一张强大的嘴，离不开一颗强大的心。

戴尔·卡耐基曾说，要想不怯场很简单，你只要把你的听众当作欠你钱的人就好了。你来是给他们机会，好好听讲，不然马上还钱！做微商也是这样，你不用不好意思，这是给双方一个彼此了解的机会。微信的成功之处，就在于它创造了一个没有陌生人的世界。如何创造没有陌生人的世界？沟通。大家原本都是陌生人，你在天南，我在地北，有着太多寂寞需要排解，有着太多想法需要知音。在我们名气还不是很大，还没有多少人主动加我们的时候，我们一定要想办法主动出击。大家都是陌生人，聊不好也没什么关系，反正谁也不了解谁，谁也不在谁的圈子内；可一旦聊好了，不仅多了个朋友，还有了志同道合的战友，毫无损失却益处良多，为什么不聊？

只有想办法跟陌生人聊天，和他们产生交集，对方才会关注你的朋友圈，你才有机会成交，才有机会发展代理，壮大团队，届时业绩倍增、财富滚雪球般增长。至于聊什么，无论是群发群聊还是私发私聊，能够聊的东西实在太多，事业、生活、感情、爱好、新闻、故事，什么都可以聊。有些人，可能刚开始并不需要你的产品，只是需要别人陪他说说话，开开玩笑，逗逗闷子，但谁敢断言，他日后不会成为我们的顾客乃至代理呢？

我的经验，以及与很多优秀微商沟通总结发现，大家在刚起步时，所做的基本上就是每天和别人私聊，不停地聊，内容算不上高级，说话没什么技巧，但聊久了，人就会产生依赖，对方会自然而然地关注你，期待你，这时候你再跟他聊些别的，就不会显得太过唐突。

但仅仅是敢说，还不能称之为会聊天。对于微商来说，会聊天不仅意味着会说话，有含金量，还意味着在什么时候聊，和谁聊，怎么聊等。比如，你想与你的潜在代理聊一些情感类的话题，那么最好选择在晚上9点以后。因为晚上9点之后，人的意志力相对薄弱，人的情感会非常脆弱，容易冲动，容易坦露心扉，需要慰藉。当然，也不能太晚。微信虽然24小时都可以在线，但夜里两三点钟肯定不适合聊天，如果正在聊也要及时结束，别因为你自己是自由职业者，而影响了他人的正常作息。

工欲善其事，必先利其器。人有时候必须依赖工具，微信不就是一个不可或缺的工具吗？比如大家在群里聊天或者群发时，尤其是作为主讲，如果选择打字，而不是语音，那么最好打开网页版微信。因为手机打字太慢，你速度很难跟得上。如果没有PC机，建议那些打字不太快的朋友在手机上装一个讯飞输入法，因为它实在太便捷。简单说来，它是一个语音识别软件，能将你的语音转换成文字。它的识别率很高，只要我们正常发音即可。就算你不会讲普通话也没关系，它还支持方言，识别率同样很高，比我们用手打字快多了。

另外，建议大家做一个快捷回复文档，当有人需要回复相关信息的时候，你就可以把早已编辑好的内容直接复制粘贴过去。这样做不仅是为了方便快捷，也是因为在沟通时你不应该让对方等太久，否则对方一来会觉得你不礼貌，二来会觉得你的能力有问题。

就算你的话术很厉害，通常情况下也不可能聊一次就发展一个代理。所以聊过之后，不能撒手不管，还要经常维护。可以说，那些愿意听你聊、愿意跟你聊的人都是一家潜在的银行，都是我们的潜在财富，说不定哪天就能变成我们的现金，所以必须好好维护，好好打理。而那些明显与我们气场不合的人，大可放弃。为了区别对待，那些已经聊过的人可以备注上"YL"，也就是"已聊"；聊得不错的人，则可以备注"YK"，也就是"聊得愉快"的意思。聊天之余，还要时不时地给那些聊过的人的朋友圈进行评论，点赞，不断刷脸，不断潜移默化地影响他们。

4. 不可或缺的工匠精神

最近两年，"工匠精神"这个词大火。工匠精神就是追求极致的精神，就是对工作、对所做的事情和生产的产品精益求精、精雕细琢的精神。此外还有一个与之相似的词，叫"工匠思维"，但两种精神完全相反，"工匠思维"是一种来活就干的消极状态。很多微商处在后者的状态：有时间就参与一下培训，开心了就发发朋友圈，没时间、不开心的时候，直接往床上一躺，各种刷屏，闲聊，就是不卖产品。这样做微商，失败了也很正常。

做微商，同样需要用心，同样需要工匠精神。而对广大微商以及更加广大的微信用户来说，还有比微信诞生更有说服力的例子吗？如今，不管做不做微商，每天不登一下微信，不刷一下朋友圈，就好像与时代脱节了一样。微信真正改变了人们的交流方式，影响着这个时代。正如微信曾经的口号：微信，是一种生活方式。而启动这种生活方式的人就是"微信之父"张小龙，正是他的工匠精神，才出现了 Foxmail、QQ 邮箱、微信这样的产品。

对于微信，张小龙的态度非常明确，他曾说："我们只做一件事情，一个产品只能有一个定位，或者有一个主线功能。"微信的每次更新，张小龙都力求把用户体验摆在第一位。他曾在微信公开课上解读微信生态："微信希望建造一个森林，培育一个环境，让所有的动植物在森林里面自由生长出来，而不是建造一座自己的宫殿。"希望"连接一切"的微信对外展示了"连接"能力：从微信支付、硬件开放平台、公众平台和企业号等业务线，其中微信企业号已开通的账号超过 10 万。谈到微信的商业化，张小龙这样说："一是从连接人与人沟通的'人联网'阶段；二是做连接线下商户的产品和基础功能；现在，微信商业化正在'进化'到通过'连接一切'的能力，形成一种全新的'智能型'生活方式，即以'微信公众号 + 微信支付'为基础，帮助传统行业将原有商业模式'移植'到微信平台，通过移动电商入口、用户识别、数据分析、支付结算、客户关系维护、售后服务和维权、社交推广等功能形成整套的闭环式移动互联网商业解决方案。"

对于这些专业的东西，我们可能不是一下子就能理解。但我们能看到微信开启的画面：一个人，站在巨大的地球与月亮相交的背景中，何其孤独！也许人生下来就是孤独的，需要交流，需要倾诉；而张小龙，他孤独地看着这个世界，也告诉他的用户，孤独并不可怕，可怕的是失去交流的方式。有人把张小龙称为孤独的艺术家，孤独地做出微信这样亿级用户的产品。尽管并不是所有人都能够成为张小龙，甚至连成为其团队成员都不可能，但是享受孤独，拥抱匠人精神总不会错。你可以不会开发微信、创立百度等来改变人们的生活，推出时代的产品，但至少可以把自己的朋友圈做精致些。每一段文字，每一句话，每一个标点，每一张图片，每一条回复，都是我们的作品，都需要我们拿出工匠精神。单是一个微信昵称，就够我们研究一阵子的。有人会说有那么重要吗？当然，不信你就叫"微商一枚"试试，看有没有人通过你加好友！但你若改成"阳光中的少年人"，尽管这个少年人本质上还是微商一枚，但肯定比前者受欢迎。

有人说，这么麻烦，我可不行。千万别这样说，你只是暂时不具备工匠精神罢了。而且，作为微商团队领导者，你自己没有能力，没有精气神儿，怎么引领你的成员？你须要对自己的伙伴们做全方位的培训，而最重要的就是培养他们的工匠精神。在这方面可以这么说，一个人只有两种可能性：其一就是通过培训，成长为有工匠精神的人，有了这种精神的人，继续学习当然还是必需的，但很多事情他已经可以通过自身不断研究、总结而自行解决，因为工匠精神已经内化成了他的品格；其二就是延续之前的工匠思维，依然是别人逼着他学他才勉强学一点，别人要求他做他才不情愿地做一下。这样的人，实际上是在浪费彼此的时间。我们要把更宝贵的精力花在那些值得培训的人身上。

5. 洞察人性，妙用无穷

做微商至关重要的一门课，就是了解人性并且善用人性的力量。

人性非常复杂，但存在普遍的共性，比如欲望。我们生活在一个充满欲望的时代，我们要学会控制它。反过来说，我们在销售过程中，又要学会刺激别人的欲望。

太清高的人一般做不好销售，因为销售天然就反对淡泊。家里有好几件衣服，一件也没有穿破，为什么还要买一件？这种人适合做心灵导师，但不适合做微商导师。微商导师要把握一个关键词，这个词叫作"炸弹"：你一出场就要像一颗炸弹，在人群中取得轰动效果，你的衣服必须是最华丽的,你的发型必须是最引人注目的,你的声音一定要压过所有人,你的每一句话都要围绕着对方的欲望,而且是对方最大的欲望,最渴望的东西,并且告诉他怎么做才能得到这些。

大多数微商都是这样过来的:刚入行时,上级跟我们讲得最多的,几乎也是唯一的,就是他是怎样在两年之内从一个普通人变成一个闻名遐迩的微商导师,从而坚定了我们从传统行业中挣扎出来并要把微商做出成绩的心。如果你直接告诉你的代理,做微商,你可能成功,也可能不成功,而且不成功的可能性更大,并且还分析了不成功的种种原因,种种结果……那我们干脆不要做微商了。

销售就是发现需求并满足需求,但有的需求我们不易察觉,或者它们不那么重要,这时候我们就需要制造需求。如何制造?利用人性。人性最基本的特征就是趋利避害,所以人们会自然而然地追求快乐,逃避痛苦。追求快乐的力量和逃避痛苦的力量,成为决定人类命运的两大力量。在实际销售中,如能好好运用这两大力量,非常有效。

比如我们说,用了这个化妆品,皮肤会变得白嫩,这就是利用人类追求快乐的力量;如果一个女人不用化妆品，围着锅台转，慢慢变成黄脸婆，接下来就有家庭分裂的风险。你告诉她，女人就要对自己好一点，她为了降低家庭分裂的风险然后就买了。

这一招也可运用在招代理过程中。比如，我们的很多代理是宝妈，她们的共同特点就是因为带孩子，没法再去工作，用的就不是自己的钱，话语权很少，花钱时会下意识地底气不足，但如果是自己赚的钱，那就想买就买，自己喜欢、自己开心就好。这就是自主危机。接下来就是家庭危机、人格危机、存在危机等。

再比如大学生，他们同样是微商主体之一，也是一个危机重重的群体。因为现在大学生不得不面对毕业后的就业问题，现在人才市场上可没有那么多机会等着你挑，想找一份称心的工作更是难上加难。但大学时如果做过微商，且不说成绩怎样，至少是一份宝贵的经验，对以后的工作肯定是有帮助的，在找工作的时候，也有一定的优势。因为，你在做微商时，懂得了销售沟通，如果你带过团队还顺便学习了团队管理，这些都是花钱买不来的宝贵经验。以后你去公司上班，在起跑线上就赢过了别人，必然会得到老板的赏识，升职加薪，将来自己做老板也不是不可能。如果你不想去公司上班，想自主创业，那么可以选择继续做微商，也可以去做自己喜欢的事，因为通过微商，你有了一定的经济基础，更容易去实现自己的梦想。

又比如工薪族，你可以告诉他们，每个上班族都希望自己当老板，但又不得不面对各种压力，工资不高，家庭负担太大，领导难以相处，同事互相排挤等，这些让人随时想辞职，但辞职之后又没有收入，所以形成了恶性循环，走不出痛苦的圈子。至于个体户，他们投资成本高，风险大，生意不好时整夜失眠，焦头烂额，同时他们必须面对来自互联网的压力，生意越来越难做，与其如此，为什么不捎带着做微商呢？把实体店的流量转化成自己的微商顾客，线上线下一起发力，优势互补，肯定越做越好。

现在有种说法叫"PMP"理论，这也是针对人性而言的。"PMP"不是英文缩写，而是"拍马屁"这三个汉字的汉语拼音的缩写。拍马屁的来历据说是这样的：古代蒙古人平日牵马与人相遇时，会相互拍一拍对方的马屁股，道一声"好马"，表示赞赏和友好之意。后来，才逐步变了味儿。所以，PMP理论强调赞美，不提倡谄媚。喜欢被认同，被赞美，不喜欢被反对，被否定，这也是人性。不过，真正的赞美是需要方法和技巧的。首先，不要把恭维等同于赞美，不靠谱的恭维只会让人反感。赞美必须是真诚的，发自肺腑的赞美才能深入人心，才能交心。其次，赞美必须非常明确。如果我们只会说"你挺好"或者"你挺漂亮"之类，对方会觉得你很敷衍，只是一种普通的寒暄，根本就不是走心的赞美，当然也不会因此记住你。如果你说："你的发型很棒，特别符合你的气质，让你整个人看起来更精神更漂亮了"，或者，"你这件衣服是今年的最新款，好时尚，紧跟潮流"。当你这样明确具体地去赞美别人时，对方不仅会觉得很开心，同时觉得你是个认真、真诚的人，也就不会排斥你，以后买你产品的时候会更加相信你。再次，要分清赞美词中的"红花"和"绿叶"。比如有人说："你这次头发颜色还差不多，显得脸色好多了！"这就是说反了，"脸色好"是"红花"，头发颜色是"绿色"，应该说："这个头发颜色衬你的脸色非常合适！"再比如："这件夹克还真显得你有点帅嘛！"同样说反了，"人帅"是"红花"，"夹克"是"绿叶"，应该是："这件夹克就得你穿！真是太帅了！"

6. "五给一帮",一带一帮

微商就其组织形态来说,有点类似于商会。那些好的商会、吸引人的商会,在于它汇聚了很多资源,能形成优势互补,大家没事就聚聚,聊聊,喝着茶就把项目谈成了,何乐不为?

微商这个团队,正需要不同能力的互补,作为微商领导者,要懂得培养团队成员之间的协同能力,让每个人都付出,也付出给每个人。而作为团队老大,自然要做好榜样,给出那些立足未稳的微商新人最需要的东西。

具体说来,微商知识一片空白的新人们需要我们的帮助实在太多,但最重要的无非是目标、方法、话术以及我们的激励等，归纳起来说就是"五给一帮"。

第一是给目标，以及伴随着能否达到目标的细化奖惩。要给出团队的整体目标，比如"今年年底销售额要达到2000万""3年后做到省内第一"等，也要注意个体的目标。每个人都有自己的理想和目标，作为老大要了解下属的心思。下属个人目标与团队目标一致时，要积极鼓励和支持其努力实现；其目标不明确或与团队目标不一致时，要用团队目标引导和影响下属。至于奖惩，是为了在奖励积极行为和惩罚不良行为的同时，使新人认识到我们的团队鼓励什么样的行为，禁止什么样的行为，从而起到规范组织行为的作用。要从一开始就细化奖惩制度，因为合理的制度可以增强团队成员的自我表现意识、竞争意识及主人翁意识，有利于成员的自我发展，也有利于活跃团队气氛，促进整个团队的和谐发展。

第二是给方法，也就是示范培训。有些管理者没学会当总裁，就学会了裁人；有些人没学会当老板，只学会一天到晚板着脸。其实优秀的管理者不是裁判，而是教练，教给人方法，并带着他实践，先培训，后上岗。最近两年，做微商加盟团队的优势已经愈发明显，很多人加盟一个微商团队，最初其实没想具体学什么，主要是想要帮助。另外，微商是个松散的大团队，如果没有培训，整个团队就会缺乏积极性，你用什么维系呢？因此必须不断地进行定期培训，让那些新人的知识跟得上，也让整个团队的凝聚力跟得上。培训课程一定要接地气，不仅要让人听得懂，学得会，还要让人讲得出，能够复制并传播出去。要开发一些基础的课件，让代理慢慢练习，然后训练他们讲给下一级的代理，后期还要让优秀代理写课件，"鞭打快牛"。这会带动群里的学习气氛，给出方法，同时培养一批得力助手。

第三是给标杆，也就是树立并利用榜样力量。优秀的管理者都善于抓典型，特别是抓正面典型。乔布斯曾经说过，企业管理只需要抓住几个核心人物就够了。古人也说："表不正，不可求直影。"总之，要想让代理充满激情地工作，首先要给他做出表率。当代理们不知道未来在哪里，未来会是什么样子的时候，就为他们树立一根标杆，既是成就上的，同时也是行为上的标杆。这个标杆可以是自己团队的优秀代理，也可以是领导者本人，甚至可以是别的微商与别的团队、别的行业的成功人士等，但最好是自己团队中有成绩者，因为这对他们来说更加直观，更有说服力。

第四是给试错的机会，也就是鼓励他们大胆尝试。即便有系统的培训，手把手地教，犯错也是难免的，微商新人以及一些哪怕已经很优秀的代理，都需要在不断试错中积累经验。只有给他们提供试错的机会，让他们大胆尝试，才能不断完善，实现自我成长和团队的成长。给试错的机会意味着当团队成员意见不一致时，要尽量给人证明自己对与不对的机会，而不能简单粗暴地剥夺其话语权。没有人能百分之百地正确，我本人对一些事物的判断就多次被证明是错误的。但这有什么关系吗？丝毫不影响我在学员以及成员们心中的地位。最重要的是，我在被证明错误的过程中实现了意想不到的成长，获得了很多"错事经验值"。新人们比我们更需要这类"意想不到"的成长，更需要"错事经验值"！

第五是给鼓励，也就是鼓励与支持。鼓励是最有效的精神支持，是一种非常重要的管理方法。通过鼓励，让他们在士气高昂、充满热情的状态下全力以赴地工作，这样才有可能取得胜利与成功。至于鼓励士气的方法，可以是物质奖励也可以是精神激励，要采取多种方法。比如以"利"诱之、发挥赞美的力量、激将法等。对于团队领导者来说，知道了鼓励团队士气的方法还不够，还应当知道在什么样的状况下使用什么方法。"兵无常势，水无常形"，只有在正确的时间使用正确的方法，才能够达到预期的效果，否则可能弄巧成拙，实践中必须予以注意。

"一帮"就是要帮忙纠错，具体说来是"一对一"地帮忙纠错。在微商团队管理实践中，"一对一"是一种非常有效的方法，在沟通时是这样，培训时是这样，帮忙纠错方面更是这样。由于微商团队是由许多代理商组成的大团队，因此团队中的精英代理对新人"一对一"的帮扶不仅必不可少，也是对知识资本的有效利用。"一对一"的模式仅限于那些初入门的微商，一旦掌握了基本知识，熟悉了团队文化，更适用的方法就是小团队授课了，通常是上一级的精英给下一级授课。但是只要有新人加盟，马上就要安排"一对一"的老师给他，这样更容易发现新成员哪方面有欠缺，可以有的放矢地给予"纠错"。

第五章 微商营销晋级

1. 从"杀熟"到"杀千陌"

什么叫杀熟？

打开搜索引擎，看到的解释都是负面的，而"微商杀熟"之类的字眼赫然在目。简单来说，惯常理解中的杀熟就是一种损人利己的行为，而且还利用了熟人对自己的信任。而我们要讲的"杀熟"既然带上了引号，显然不可与惯常的理解相提并论。我们这里的"杀"，是相爱相杀的"杀"。

而"杀千陌"，则是借用曾经火爆一时的电视剧中人的名字，形容我们接下来要讲到的这套方法的实用性：像杀千陌一样有战斗力，让代理和客户成百上千地涌来！

我们所说的"杀熟",是褒义的杀熟,是人品的象征。为什么这么说呢?想想看,如果你只是跟人熟,而没有好印象,别人能让你"杀"吗?别人会支持你的事业吗?肯定不会。所以"杀熟"并不是谁都能杀得了的,特别是那些以往品行不端的人。而我们如果具备好的人品,一定要保持下去,它不仅能让我们的微商事业在起步阶段走得不那么难,而且会形成正循环,越来越好,不断加持我们的微商事业。这样想的话,能杀熟的人,本身就有一种优势,因为熟人多,朋友多嘛!如能通过杀熟,让朋友们少花钱多办事,乃至把他们发展成代理,大家一起组团闯世界,人家感谢你还来不及呢!

稍微有点道德的人,都知道不能把自己的收获建立在别人的失去上,尤其是不能建立在熟人、身边人的损失上,因此,我们所说的"杀熟",不是对熟人下手,而是好好利用自己的人脉资源。常言道,"人熟为宝",意思是人与人之间相互比较了解,知根知底,长此以往便会产生信任,无论是相互帮忙也好,合作也罢,关键时刻,有个熟人,就能省了很多客套话和时间。中国自古以来就是一个熟人社会,只要我们不是真的"杀"熟,又有什么不可以?

当然，如果可以，我也希望大家一步跨入"杀千陌"的层次。杀熟，是为了让你练手用的，是为了支持你鼓足勇气推销产品的。如果我们除了杀熟啥也不会，除了亲人朋友邻居熟人就再也卖不出去产品了，那我们的未来将来很堪忧。

想想看，初做微商，一没经验，二没客户，基本上就没有业绩。没有业绩倒是小事，万事开头难嘛，重要的是，长期不开单，会影响人的心情和信心。有一位做过推销的学员曾经跟我讲过，做销售人脉是最重要的，但人脉积累起来殊为不易，很多老销售收入多，主要是时间久了，积累了人脉，而我要是在传统行业有很多资源，我是不会做微商的。他说得其实很有道理，很多微商还不如他，因为他至少从事过销售，而我们当中的很多人根本就不懂如何零售，没有任何经验，有人甚至还未参加过正式工作，遑论丰富的行业经验与丰富的客户资源。而我们提倡从熟人做起的原因，恰恰就在于此。因为是熟人，就算我们策略不是那么精准，话术不是那么动人，也不至于太尴尬，更不会遭遇刁难。只要我们足够真诚，一定会得到熟人的认可与支持。

事实上，"杀熟"也符合四级客源理论，而且它是四级客源理论中的基础，也就是基础层级。

如图 5-1 所示，四级客源理论的核心是引导销售人员去发展客户，也就是客源。

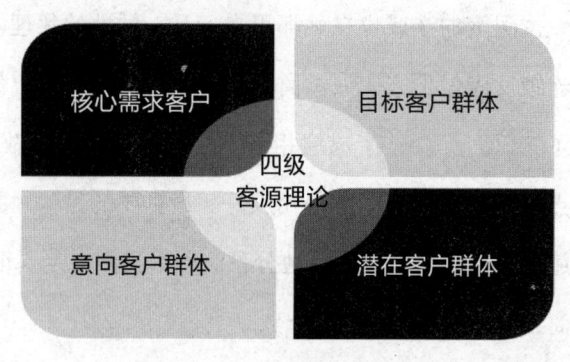

图 5-1 四级客源理论

图中第一个版块，是核心需求客户，而且是站在我们的角度上的核心需求客户，也就是说不管他们是否真的需求，但只要我们开口他们就一定会购买的那种人。换言之，就是指最容易转化的那个客户群体，也就是你做任何事情他们都是第一批站出来帮助你的那些人。毫无疑问，他们就是你最亲密的朋友。你不必不好意思"杀熟"，否则，他们自己反倒觉得亏欠你。在这里我们必须要说，聪明的兔子都要学会吃窝边草。

这里有必要加述一个真实的案例：我麾下一个做微商不久的新手，她拿到货之后，首先自用了一些，用完之后就给她身边的几个好闺蜜一起分享，分享完之后，用她的话说，产品很给力，闺蜜更给力，大家很自然地就加盟了。之后，她趁热打铁，分享给自己的亲戚、邻居、同学等，她的一位闺蜜的亲戚也在她那里拿产品，做她的代理，一系列连锁反应做下来，做微商的第二个月，她的零售额就达到了三万多元。这个成绩相当不错，她为什么能做到？关键点就是"窝边草"吃得比较好。最重要的是，她并没有死缠烂打，而是不卑不亢地分享。所以我们一定要记住：做微商，做的不是推销，是分享。

图中第二个版块，是目标客户群体，它讲的是经过第一轮的"杀熟"之后，很多人遇到了瓶颈。熟人该买的买了，该用的都用起来了，下一步怎么办呢？自己根本没有那么多客源。其实下一步就是对准我们的目标客户群体，他们基本上都是我们的同城客户。在第一波"杀熟"过程中，我们能成功，是因为大家都是亲朋好友，都有一定的感情和信任感。进入第二阶段，我们就要通过聚会等社交方式，去通过我们的亲友认识更多朋友，再通过一些话题交流和社交活动，去增加彼此的信任感，从而达到成交或招商加盟的目的。

图中第三个版块，是意向客户群体，也就是对我们的产品或者是对微商这个行业有意向、有兴趣的客户群体。这个阶段其实是一个全面撒网的阶段，这时候要施展全身解数，运用所有你能运用的工具、平台、人脉、激情，进行宣传、营销、开发、引流，然后把他们导入我们专门设定的小号，进行长期的"鱼塘养鱼"式的培养，同时层层筛选，转化成我们的用户和代理商。

图中第四个版块，是潜在的客户群体，是指对我们产品或者对微商这个行业有潜在需求的客户，天南海北，天边眼前，只要你能开发的，不拘一格，尽量开发。而客户需求，又分具体需求和潜在需求。具体需求，是客户明确知道自己想要什么，对此，只需提供相应的产品和服务就可以了。比如那些曾经做过微商但因为某些方面没有成功，忽然在你这里找到了之前没成功的原因的人，基本上不需要你讲太多！而潜在需求，是指客户可能并未明显表现出来，看上去似乎很难挖掘，但只要多交流，多沟通，是有机会开拓和创造需求的。如你所知，事实上大多数的微商代理起初都属于这种类型，有些人刚开始甚至只是给个面子才买点产品，但用完之后感觉真的好，而且还能通过它赚钱，慢慢地也就主动"上道"了。

2. 左手市场，右手销售

首先我们要明白，什么是市场，什么又是销售。

这个问题虽然看似简单，但是非常重要，包括广大微商在内的很多人往往把它们混为一谈。

实际上，市场包含着销售，而销售是市场的组成部分。

很多人都非常了解销售的重要性，并且认为销售是致富的良方。确实，销售做不好，企业就不会好。而说到市场，很多人能够想到的通常都是："为什么我的产品总是没有市场？我该不该把我的市场部砍掉，节约成本？"

不要市场部，却想打开市场，很多企业都是这么做的。不合逻辑的事情，自然行不通。不了解市场，也不知道它的重要性，更不要说怎么操作，则是很多传统微商的真实状态。

其实，市场与销售缺一不可。它们有很多共同点，也有很多不同处，最大的区别则在于市场是创造需求，而销售是满足需求；做市场是运筹帷幄，做销售是短兵相接；做市场主要是"谋"，做销售主要是"干"；做市场是为了销售人员更好销售，销售得更多，价格更高，钱收回得更及时，做销售主要是完成任务。没有销售的支持，光做市场毫无意义。反过来说，销售很坚决，也很勇敢，反复向顾客发起冲锋，但前方布满地雷，阵地上有坚固的堡垒，这时候就需要市场人员进行有效策划，排除障碍物。所以重点在于协调好市场与销售的关系。市场与销售的目标都是顾客，前者的策略是"拉"，后者的策略是"推"。推拉结合，才能构建起营销工作的闭环。

图5-2中的销售漏斗模型有助于我们进一步理解市场与销售的关系。对一个组织来说，市场部的职能是将漏斗上部填满，销售部的职能则是将市场部激发出来的潜在需求转化为现实需求，也就是说将销售漏斗上部的潜在用户向下压，最后压到销售漏斗下部的就是企业得到的订单。

要产生足够的潜在需求，市场部就要了解并掌握市场行情，并通过有效的宣传与促销激发市场。销售部则侧重于潜在用户到用户的转化效率，即说服有需求的潜在用户下单，特别是说服那些摇摆不定、没有明确偏爱的潜在客户下单。明白其中的关系，就不会顾此失彼。

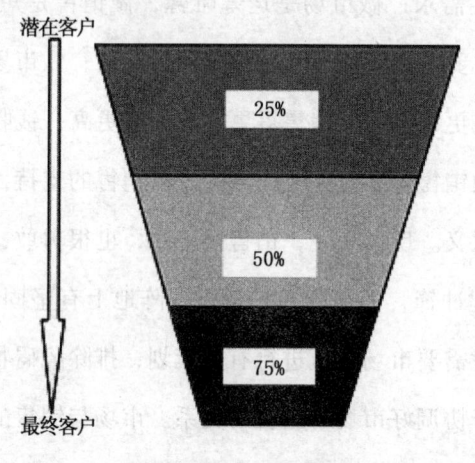

图 5-2 销售漏斗模型

说到这里，我们不仅能明白市场的重要性，同时回顾前文，也能悟到团队的重要性：没有团队支撑，市场很难打开，散户微商很难既做"耙子"又做"筛子"，精力与财力都不够。

当然，这并不意味着散户微商就不可以同时兼顾二者，因为对微商来说，很多时候二者是一个一体两面的硬币，你在做市场的同时也是在做销售，你在做销售的同时也是做市场营销。反过来说，尽管具体的实践过程中二者的关系可能非常微妙，但我们也不难定义何为市场行为，何为销售行为。一般来说，当我们在别人的微信群里发布我们的广告、软文、或者进行互动，或者在它的后台拼命加人时，这就属于市场行为，相当于遍地撒网，这时候不要挑肥拣瘦，只要别人肯通过，就值得珍惜。而当别人通过了我们之后，我们跟他做具体的沟通、交流，以便进一步把产品卖给他或者在此基础上把他发展成代理的过程，就是具体的销售行为。再比如前面讲过的朋友圈分享方略，诸如早起发什么，中午发什么，晚上发什么，别人可能对我们的行为分不清楚，认定我们就是个"做微商的"而已，但我们自己一定要知道我们自己是在做什么。

我们这本书侧重团队作战，强调微商团队的建设与运营，所以这里有必要讲一下作为微商团队的领导者，我们怎么去做市场活动，比如地推。具体的指导原则我们称之为"一招两式"，即先放低门槛，把人吸引来，然后再层层筛选，也就是前面讲过的销售漏斗模型的变式。

第一步，要明确目标，要明确我们做活动的主要目的是市场推广，是为了引流，零售与转化是次要目的。第二步，就要制订方案，由于这是微商经营中的"大事"，对个体微商来说耗费相当不菲，所以要确保每分钱都花在刀刃上，都能够收获价值，所以要制订相应的书面计划，把活动中每一项具体实施步骤和能想到的所有细节全部写出来，然后再反复推敲，不断完善。包括：我们的活动要办多久？要准备多久？要准备哪些物料？要推出哪些优惠政策？要提供多少免费的礼品或服务？应该有哪些环节？时间是哪天？地点是哪里？主要人员都有谁？是否需要车辆……这些问题回答起来并不难，比如地点，肯定要选人流量大的地方，最好是商场周边、写字楼区、小区等地方；比如时间，最好是在周六或周日，因为休息日商场周边和小区里人流比平时多很多，效果会更好；比如物料的准备，最重要的无非是易拉宝、展架、条幅、传单等。大家只要用心，肯定能想到更多的问题和解决方案，并做好相应预案。

通常来说，只要时间、地点都对，一场活动是不难吸引人围观的。把潜在客户吸引来，再利用礼品、服务和二维码等工具进行彼此绑定之后，我们的市场行为基本已经结束，剩下的事情就是按照先整体再局部，最后对个体客户进行有效说服，直至他们下单，或者成为代理。

3.产品模型与顾客心理

人们提起一位作家时,首先想到的就是他的作品,尤其是成名作;人们说到一位歌手时,可能连他的名字都叫不准,但随口哼哼,也能哼唱出他作品的旋律……企业也要有它的作品,也就是产品。不仅要有产品,还要有好产品,乃至爆品。劣质产品非要定个天价,那是不可能有市场的。

我们反复强调,一定要尽可能地代理好的产品。但好到什么程度算好呢?这其实没有固定的标准。所以我们这里不妨划出一个范围:符合国家标准的产品,就算是好产品。只有好产品,我们才可以放心大胆地去销售,也让我们的伙伴们去销售。

对微商从业者来说，自行打造爆品是不太可能完成的任务。就算是最牛的微商团队，如果起步晚，在产品研发方面也是远远不能与华为、小米等独角兽级别的企业相提并论的。微商是现实的人群，现实的人就做现实的事。小学生只能从汉语拼音学起，而不能一上来就读高等数学。销售产品也要循序渐进，从性价比高、价格实惠的产品开始推销。

当然，消费者与经营者的心理总是不太一致。前者总是幻想少花钱买到好东西，而后者至少也要求好东西要卖个好价钱。就算是你的价格已经非常合理了，消费者还是会砍价。针对这种情况，我们必须了解顾客心理，才不会被他们牵着走。除此以外，我们还要了解一些产品模型，借此了解产品与消费心理的关系。

一、金字塔产品模型

金字塔产品模型由美国学者约翰·普列斯特提出，如图5-3所示，金字塔产品模型分为三层，分别是塔基产品、塔腰产品和塔尖产品。这里着重讲一下塔基产品与塔尖产品。具体到微商经营来说，就是说你代理的产品最好是既有高端产品，也要有大众产品。塔尖产品销售数量虽小，但利润丰厚，是主要利润来源。更重要的是，它给顾客一种暗示：这公司的产品高大上。大众产品的特点是价格适中，能够维持稳定的利润，同时也是公司的防火墙产品，可以封堵竞争对手，防止其进入市场，与我们形成竞争。再搭配塔腰产品，这样产品金字塔模型的构建就出来了，那就是在大小高低通吃的基础上，占据市场空间，防止对手进入。

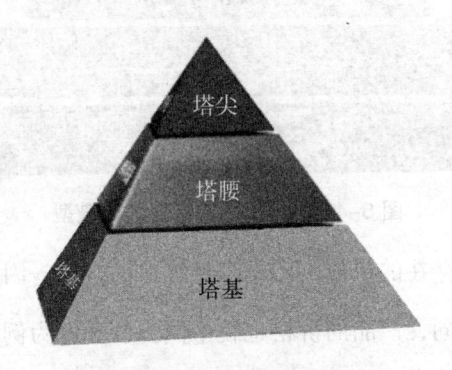

图 5-3 金字产品塔模型

二、马斯洛需求层次理论模型

马斯洛需求层次理论是行为科学的理论之一，由心理学家亚伯拉罕·马斯洛提出。如图 5-4 所示，该理论将人类需求从低到高按层次分为生理需求、安全需求、社交需求、尊重需求和自我实现需求。

通俗来讲，假如一个人同时缺乏食物、安全、爱和尊重，通常对食物的需求是最强烈的，其他需要则显得不那么重要。只有当人的生理需求得到满足时，才可能出现更高级的、社会化程度更高的需求，如安全的需求。

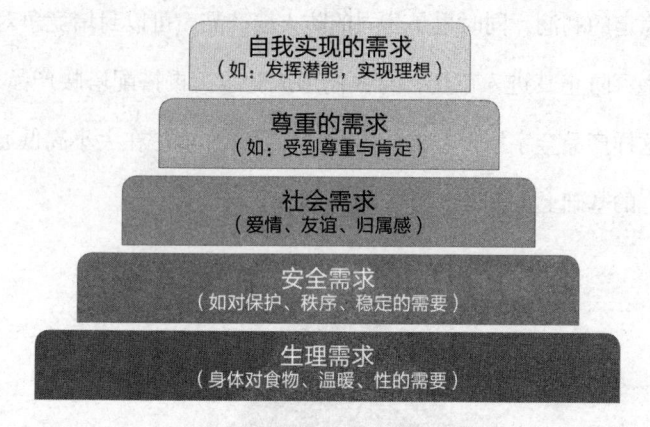

```
        自我实现的需求
      （如：发挥潜能，实现理想）
         尊重的需求
       （如：受到尊重与肯定）
          社会需求
       （爱情、友谊、归属感）
          安全需求
     （如对保护、秩序、稳定的需要）
          生理需求
    （身体对食物、温暖、性的需要）
```

图 5-4 马斯洛需求层次理论模型

产品存在的价值，就是满足客户的需求。因此，满足的需求不同，产品的价格也就不同。以茶叶为例：茶叶可以解决生理需求，可以解决社交需求，同样可以解决尊重和自我实现需求。产品解决的需求度越高，则价格越高，如小罐茶。

总之，我们要尽可能地选择更有品牌价值的好产品，但也要在此基础上，准确了解支配或影响消费者购买行为背后的消费者心理，从而追求营销效果最大化。

4．招商会营销与成交步骤

某微商团队一场招商会成交额达 1000 余万元！

某微商品牌一次招商会议发展了数百名代理！

这样的例子屡见不鲜，也不是虚假宣传，事实上我为几个微商团队操盘的几场会议，都取得了差不多的效果。只要你按照下面的步骤去操作，把握好相应的要点，举办一场成功的招商会也不是难事。

（1）制订招商方案

我经常告诫我的学员以及我服务的一些品牌负责人：无方案，不营销。我也经常问他们：有方案了吗？通常都回答没有。纸上有了规划，才不致手忙脚乱。根据我的实践经验，我归纳出了一套招商方案，参照步骤执行，谁都可以组织一次成功的招商会，而且不仅限于微商领域。

第一步：前景分析。一个客户选择购买产品时，通常看的是产品的当下。一个投资人选择投资项目时，通常看的是这个项目未来的前景。而经销商选择代理一个产品，往往既会看产品的过去，也会看到当下的现状，更希望看到美好的未来。所以，必须通过前景的分析，让人看到跟我们合作，前景非常广阔，能够让他们赚到更多的钱，他们才会选择与我们合作。

第二步：客户痛点。仅有前景分析还不够，一定要找到客户的痛点，因为与任何人，尤其是与陌生人开展新的合作，一定是建立在前期的痛点之上的。找出客户之前的痛点，并给出解决痛点的方案，这是营销的要点和抓手。微商的痛点普遍都是赚钱少，压力大，没前途，不自由，等等。

第三步：产品介绍。包括产品的功能、性能与卖点的介绍，也包括企业背景、竞争优势的介绍以及技术和服务的内容介绍等。

第四步：价值塑造。平铺直叙的介绍没有意义，要在此基础上塑造价值。具体来说，既要塑造企业的价值，又要塑造品牌的价值，还要塑造产品、技术和服务等的价值。价值越高，价格越高，越能吸引人。

第五步：核心人员包装。也就是对微商团队的领导者和几个骨干进行系统包装，要有他们的正装照片，并附上个人简介等相关资料的易拉宝。如果不是自营产品，还要附上企业核心成员的资料。如果产品有特殊功能或效果，一定要详细阐释，并附上技术高管和研发团队的资料。

第六步：专家团队。这里指的是如果微商团队较小，不具备从厂家挖掘出专家人才的条件，那么就聘请外部顾问，整合外部的专家。

第七步：客户见证。一切的营销都是为了一个目的，就是建立信任，而最好的信任是老客户的亲身感受，所以客户见证是说服新客户加盟强而有力的手段，客户见证的形式有视频、图片、文字，最好的方式当然还是现身说法。

第八步：市场支持。市场支持包括人员、广告、物料、培训、促销以及退换货等方面的支持等。这里需要强调的是，市场支持一定要最大限度降低客户的风险，也就是做出诸如"无条件退货""调价补差"等承诺，让客户毫无顾虑地与我们合作。

第九步：盈利预期。盈利预期也就是在宣传资料中给客户算笔账，或者直接在现场和客户一起算，让客户看到合作之后的广阔前景，而且是非常具体的前景。

第十步：合作政策。给出具体的合作政策，同时建议现场签约（购买）给"打折"价，比如"之前19800元起，现在12800元起，仅限前三位"等。

（2）广告营销

制订完方案，马上就要进行广告宣传，而我们的方案本身就是非常好的软文素材，而且是不可或缺的要件。在互联网时代，我们从事的又是微商行业，所以没必要做硬广告，只需好好地把PC端和移动端这两大端口的几大工具利用起来就行，包括网站、微信群、微信公众号、QQ、喜马拉雅等。

（3）客户邀约

做广告，是为了让潜在客户找到我们。而客户邀约，则是直接邀请客户参会。简单来说就是把客户请到会场。但它又是一个极其复杂、极其困难的事情。你需要知道客户在哪里，你需要给一个客户来参会的理由。所以，我们需要通过发送邀请函的方式，让客户看到参加会议的价值。我们需要制订清晰的邀约规划，再让团队去打电话邀约,或者进行陌拜,这也是他们的原动力所在。同时,我们需要让团队在招商之前,在打电话或陌拜之前,掌握清晰而准确的邀约话术,所以我们要对邀约人员进行系统培训,这是基础工作,也是成功与否的关键。

(4)会场与物料的准备

要尽量选择高档的酒店,位置也要便利,它们是最直观的微商团队实力的体现。同时还要注意一些细节,比如酒店最好有足够的停车位,会场里最好不要有柱子,必须有舞台而且要尽量标准,隔音效果要好,等等。

招商会需要的物料比较多,包括背景墙、条幅、易拉宝、投影仪、电脑、话筒、白板、笔、红毯以及统一的工装等。最重要的是,准备几台POS机,准备成交时客户刷卡用。准备好后,还要精心检查,免得关键时刻掉链子。

(5)人员的准备

这里指的是配合会议的整体流程和进程,安排、调配各种人员。其中包括主持人热场,领导人致开幕词,技术专家对产品进行系统介绍,营销高管对招商方案进行系统介绍,以及司仪、安保、业务员、后勤等各种人员的职责,都应该做什么准备,有哪些预案等,这些都要精心准备,并彩排至满意为止。

（6）路演收现，成交

第一步：了解听众。包括他们是谁？来自哪里？他们有什么痛点？怎样做他们才会跟我们合作？我们一定要提前精确地了解潜在客户，知己知彼，方能百战不殆。了解得越多，成交率越高。

第二步：引领听众。路演是一个集合了声音、动作、表情、感觉等多方面的综合学科。而引领听众，不仅是路演的需要，同时也能全程与听众进行互动交流，从而更好地引领听众的情绪与思维，让他们跟着自己的思路走。

第三步：突出优势。招商会成交的关键，不是在现场呈现团队与产品的全部，而是要突出其中的优势，因为时间有限，空间有限，客户的耐心有限。一个成熟的策划者，一定要找出自己的优势所在，包括关于品牌、产品、技术、服务和成长空间的各种优势，在路演现场要重点突出。尽量将优势条理化，比如产品的十大优势、八大优势等，再逐条解析。

第四步：感性铺垫。在招商会上，要想办法压制潜在客户的理性思维，升华他们的感性思维。因为普通人选择合作通常也不是精打细算的结果，而是感性冲动的结果。所以在路演的现场，主讲的人一定要感性，内容也要感性，而一切感性的来源，则是故事的塑造。因此一定要讲故事，包括团队的故事、创始人的故事、品牌的故事、产品的故事、服务的故事和技术的故事，特别注意要讲成功的故事。

第五步：敢于要求。讲完故事，就是趁热打铁，提出自己的要求，让客户趁着当前的优惠条件，马上买产品或者加盟。这一步是终极的一步，以前都是铺垫，所以我们必须敢于开口。如果你去过麦当劳、肯德基，那么一定记得他们的员工一定在你买完套餐之后提醒过你，买套餐可以得到更多实惠之类，事实上这大大提升了麦当劳和肯德基的终端业绩。这些全球最优秀的企业就是这么做的，我们没有理由不向它们学习。记住一点，只要你敢要求，敢开口，就有一半的成交率。否则，一切都是零。

5. 提前收款的具体策略

提前收款是非常重要的一环，因此接下来我们对此进行深入分析。

交易通常有三种形态，分别是预收款、应收款和现款。一般来说，货到付款、一手交钱一手交货已经很不错了，然而我们不能满足于此，因为最好的交易模式就是预收款，也就是提前把客户的钱放在自己的账户里。

网上有一个段子，颇有启发意味。某日，首富的儿子问他："爸爸，咱家的钱多吗？"首富把胸脯一拍，无比自豪地说："孩子，咱家的钱几辈子都花不完。"儿子继续问："那咱家欠的钱多吗？"首富压低声音，悄悄地告诉他：

"几辈子都还不完。"这个故事告诉我们这样一个金融思维:钱是谁的不重要,重要的是钱在谁手里,占有它比拥有它更有价值。

具体到微商行业,下面给大家介绍一套我根据多年心得总结出来的五步战法:

第一步:利用销售流程。这又分为四小步,分别是建立信赖、塑造价值、解除抗拒和要求成交。之所以要建立信赖,是因为信赖是一切营销的基础和根本。一个人如果信任另一个人,就愿意为另一个人去冒险。一个客户如果信任一个品牌,他就会爱上它,就不会那么在乎价钱。而塑造价值,则上承"建立信赖"这一环,也就是说我们不能基于客户的信任信口开河,而是要抓住"价值"二字做文章。价值谈到位,价格才能"无所谓"。只要你让他觉得一件商品真的有价值,绝不止钱那么简单,非但成交不在话下,他还会自己找理由:"这么好的东西,当然要贵一点!"当然也有人会抗拒,所以接下来就是解除抗拒。事实上,坐地起价,就地还钱,很多人就算到菜市场买根大葱,也是要还价的。在具体解除抗拒时,还是要结合"价值"二字做文章。举个简单的例子,一个"经济适用男"爱上了一个美女,美女表示你娶我也行,但要有房有车。经济适用男很难满足其要求，但他不能放弃，他选择用销售话术来解除美女的抗拒："我暂时买不起车和房，但我能保证让你一辈子住在世界上最贵的房子里，那就是我的心房。"他悄悄地把问题转移了，还把自己的贫穷升华成了一种境界。如果这个女人不是特别物质的话，她就没办法抗拒这样的甜蜜语言。如果她也喜欢那位男士，而只是嫌他有点穷，那现在就不能嫌弃了，因为那样会显得她很俗。销售也是这样，比如有客户嫌产品价格高，你可以说"这款确实高端一点"，言下之意就是说"只有高端的人才能消费高端的产品，不是有没有钱的问题，而是理念问题"，聪明的客户马上就能听懂，并且在自尊心的刺激下买单。所以说，解除抗拒要有一定的套路，要灵活运用。至于要求成交，那就是前面讲过的敢于开口，要求成交，只要开口就有一半的成交率。另外，这里透露一个小法则，那就是只要能连续诱导客户说出7个"是"，通常都会同意成交，而且是马上成交。

第二步：教育客户。它也分三个小步，分别是摧毁（摧毁客户已有的认知）、植入（植入全新的认知）和强化（对全新的认知再次强化）。以服装为例，很多客户表示自己现有的衣服穿着就挺好，买新的也还是要买这种工薪价位的，如果你推销的是订制级别的服装，首先就要摧毁他那种认知。你要告诉他，勤俭持家固然好，但人靠衣装马靠鞍，如果他有钱，就必须穿一些与经济实力匹配的服装，以符合他经常出入的场合；如果他暂时还没钱，那就告诉他，他需要打造一身"战袍"，它可以提升他的外在形象和内在能量，实现和高端阶层的对接，从而提升个人事业。摧毁与植入，一步到位。如果他还不接受，你就要强化教育他。你要告诉他，生活中的成功人士们，哪个没有量身订制的服装？国家领导人有、大企业家有、明星有，他怎么可以没有？必须要有，而且不止一套！当然具体的措辞因人而异，但总的来说，客户需要教育，因为很多时候他们也不知道自己应该如何消费，过怎样的生活。

第三步：让需求迫切起来。以美容美发为例，我的一位朋友陪妻子去一家高档的美容美发店，本来只是坐等太太，但店里的美容师说您等也是等，不如洗洗面，您太太有卡，所以免费。结果洗面过程中，美容师发现他脖子上有个扁平疣。朋友早就知道这个扁平疣，没当回事儿。但美容师告诉他，不要小看它，它是可以通过肌肤传染的，尤其是皮肤娇嫩的小孩子。我这位朋友的孩子刚出生还不久，为了不影响孩子，他马上花了1万多元做了处理。为什么？因为美容师放大了他的痛点，让他的需求变得迫切了起来。

第四步：用价格诱惑他。有些客户不看价值，只看价格。既然价格对他们最具诱惑性，那么我们只能使用价格的撒手锏。为了让他们马上掏钱，让利空间一定要大些，一定要让他们有占便宜的感觉。客户买到的未必便宜，但只要他觉得自己占了便宜，他就有消费的冲动。

第五步：创造时间上的紧迫性。逛街时，大家会经常看到诸如"清仓甩卖""最后几件""活动最后一天"之类的促销活动，这些信息都在向人们传递活动时间的紧迫性，机不可失，失不再来，以督促顾客尽快购买。无论是一对一沟通，还是招商会，都可以利用这一点，比如宣称现在正好有活动，过了这两天再买就贵了，再做代理起点就比较高了，还有最后几个名额等。

6. 做服务就是做营销

我的一位朋友跟我讲过这样一件事：十几年前，他有一次连着坐了十几个小时的火车，去广州进货，结果一路辛苦到了那里，对方见面什么也没问他，比如吃早餐了没有，路上累不累，第一句话就是："钱带来了吗？"一句话让他心里凉透了，马上决定，他的货再好，价格再优惠，也不跟他合作了，因为他没有基本的人情味儿！

而我则进一步告诉他，其实这样的合作方还算好的，在商言商，人家只是问了问钱带来了没有，又没准备抢你、坑你或者骗你，已经不错了。古语有云，"无商不奸"，而早先这些年，乘着时代的飞速发展与相应的法律和道德的滞后，很多人把这句话演绎得淋漓尽致。

社会上有所谓"逆淘汰"的说法，商场上也屡见不鲜。以前，同样一件衣服，批发价可能是100元，有的小贩老实，只敢卖150元，有的小贩胆大，什么谎话都敢说，明明是作坊货，非要说成是进口奢侈品，张嘴就要500元，你砍价一半他也比卖150元的赚得多。时间长了，胆子大的人赚得盆满钵满，又进一步学会了包装和营销，赚的钱更多，后来直接建立了自己的工厂，开了连锁店，承包了服装城，脱离了小贩的阶层。而老老实实挣钱的小贩，反而逐渐被淘汰。

但那是以前。现在，好人时代来了。为什么这么说呢？用诺贝尔经济学奖获得者、美国教授乔治·阿克洛夫的信息不对称理论来解释，一切都是信息不对称、不透明惹的祸。如今互联网时代来了，一切都变了。靠忽悠和以次充好来赚钱的可能性越来越小。任凭你说得天花乱坠，忽悠得天崩地裂，在搜索引擎上一搜索，同类产品历历在目，价格、折扣、成本、优惠等信息一应俱全。不诚实经营，就相当于把顾客推给了别人。在互联网时代，过度的营销实则是浪费，任何一点点的不诚信，都能让信任瞬间归零，进而无法成交，而在此之前，你可能已经与顾客磨了半个小时的嘴皮子。

我们仍以卖服装为例，在服装市场价格等信息一目了然的情况下，以次充好肯定行不通，跟别人售价一样也行不通，一味打价格战更不是长久之计，但同样的价格，买一件衣服送一双袜子可不可以？回头客送干洗服务可不可以？新的时代，人们的消费观念也在改变，这个时代的消费主体，也就是这个时代的年轻人们，能挣钱也肯花钱，他们并不太在意商品价格，他们在意的是知情权与尊重，在意的是服务与购物体验，只要商品质优，服务到位，别人就很难把他从你这里撬走。

海尔是怎么崛起的？首先靠的是质量。张瑞敏砸冰箱的故事大家都听说过，这一砸，砸出了海尔的质量。后来又发生了一个故事：有个老太太，买了一台冰箱，但在雇车拖运的过程中，不知被拖去了什么地方。张瑞敏得知后，认为她的损失应该由海尔承担，因为海尔没有提供送货服务，后来海尔果真就赔了一台冰箱给老太太。这一赔，又赔出了海尔的服务口碑。海尔是国内首家倡导与践行服务的企业。这就叫"质量打天下，服务定江山"。

有人会说，我售后服务做得很好，可客户还是在流失。其实，服务并不等同于售后服务，服务在售前就应该开始，而销售过程中的服务，更加重要。销售过程中没有服务，或者服务不够，顾客怎么可能相信你会提供完善的售后服务？

关于微商销售过程中的服务，我这里提出三个关键词，分别是"在一起""仪式感"和"超预期"。

"在一起"，是指定期和客户进行见面和沟通。朋友和亲戚长期不见，关系就会慢慢地变冷，我们和客户、潜在客户之间更是如此。所以，我们要和客户保持适度频率的见面交流。不方便见面的，就经常在社交工具上问候与沟通。我总结发现，最好的距离是若即若离。走得太近，见面过于频繁，会招人厌烦；经常不见面，会变得生疏，只有若即若离，恰到好处。

"仪式感"，是指对于自己的潜在客户，特别是那些比较重要的潜在客户，比如有可能发展成大代理商的人，我们要通过各种仪式感让客户感受到他的重要性。比如说年度会议的VIP席位，或者邀请他出席上级或某些重要人物的家宴等。这就如同飞机上的头等舱服务一样，让客户感受到他与众不同的尊贵性，你在他心目中也会相应地重要起来。

"超预期"，简单说来就是在给客户提供服务时，切忌千篇一律，亘古不变，一定要走心，要尽量超越客户的预期，唯此，才能保证客户的新鲜感和满意度。

总之，一定要在销售过程中就做好服务。如果是作为微商领导者的团队领导，还要注意培养团队的全员营销和全员服务的意识，上上下下，都要有一颗服务的心。

第六章 微商成交法则

1. 借力打力的 ABC 法则

万事开头难。如果你是一个微商新人，在你面对潜在客户时肯定会有恐慌感，能不能把他拿下你肯定没有把握。但你是否知道，其实有时候做新人也是一种优势，世界上就有一种销售法则，缺了新人还不行，这就是被直销界誉为直销界黄金法则的"ABC 法则"。

所谓 ABC 法则，是指新人在零售以及个人事业发展过程中，因为对产品、制度、团队、企业尚不熟悉，需要借助成熟的销售精英的指导、帮助与配合，从而达成零售与发展目的的有效办法。它的要点是借力打力，让新人不再孤军奋战。

ABC法则中的A、B、C分别对应Advisor（专家）、Bridge（桥梁）和Customer（客户）三个英文单词。很显然，A是我们借力的对象，他可以是我们的上级代理商、说明会的主讲者，也可以是行业大咖、团队领导者等；B就是我们，我们在这里发挥桥梁的作用，因为没有我们，A和C根本就不认识；C就是客户，确切地说是有需求的客户，他可以通过我们这座桥梁得到A的指导或帮助。

ABC法则是直销行业的成功利器，具有极高的成功率。伴随着美国直销业进入中国，它也一起为中国销售人员熟知并熟练运用。那么如何具体运用呢？通常来说要注意以下细节：

首先，作为B，我们要深知，这场销售的主角是A和C，我们只是桥梁，只负责营造气氛，展示真诚。一般来说可从家庭、事业、观念，或者大家都知道的内容切入，从关心的角度，慢慢引入主题。引入主题的过程中，A要配合着闲聊，渐渐培养与C的关系，然后导入话题。A必须牢记，最终目的是什么，以免话题越扯越远。如果B的桥搭得不是很好，氛围不够和谐，他就要成为更进一步的主力。讲主要内容时也要从故事切入，这样比较容易接受，可以多说说自己的见证和心路历程，这样容易引发C

的共鸣。

其次，在应用 ABC 销售法时，三个人的站位或座位很有讲究。一般要让 A 坐在主位，让 C 坐在 B 和 A 之间，且 B 和 C 距离要近些，这是因为 C 对 B 比较熟悉，对 A 完全陌生。一上来就让 C 坐在陌生人身边的话就减弱了 ABC 销售法中 B 的桥梁作用，纯属浪费优势，自讨苦吃。

再次，不要把 ABC 法则教条化。由于 ABC 法则确实好用，所以被使用得过于频繁，以至于有些直销行业从业者完全迷信现成的 ABC 法则，把它看成是一成不变的东西。不错，ABC 法则可以尽快帮助一般新人出成绩，但也不能滥用，形式更不能教条化，教条就显得套路，而所有的套路都令人讨厌，让人抵触。

举例来说，某大学生小陈刚刚做微商，他很想拉自己的同学小王一起做，又怕自己说服不了小王，便请自己的上级老李帮忙。首先就是必要的寒暄，然后作为 ABC 法则中的 B，小陈开始做介绍："李老师，这位是我的新朋友小王；小王，这是我的人生导师、XX 公司高级经理李老师……"没等小陈介绍完，小王就开始嘀咕了："什么？我是你的新朋友？咱们都认识三年了啊！真是骗人不眨眼！眼前这位跟你才认识了一个月，就成为人生导师了？有那么厉害？不就是个微商嘛！"小王开始生出抵触心理。于是，不管老李怎么说，他只是草草应付，一句话也没听到心里。要想让他不反感也很简单，直接说"李老师，这是我的朋友，关系很好的，今天来没想太多，就想让大家先认识一下"，气氛会好很多。

最后，结合沟通三原则。ABC 法则也好，其他法则也罢，其核心都是沟通，所不同的只是怎么沟通的问题。而很多新人最容易犯的错误，就是由于事先约定自己为 B，即桥梁的角色，于是原本很健谈现在也很少说话了，原本很有主见此时也唯唯诺诺了，难免给 C 留下"此人是被他们洗脑了"的印象。

任何沟通都应该把握一些基本原则，具体说来至少应该做到以下三点，也就是人们归纳总结的 ABC 法则之沟通三原则：开放重情、宽厚执着、会说会听。开放重情是指我们要学会用开放的方式去沟通，而不是用封闭的方式去谈话，说通俗点就是别堵别人的嘴，让别人可以继续表达。特别是在销售过程中，我们一定要牢记我们是来干什么的，得理也要让人，说出的话不仅要合道理，还要合情理。只有这样，自己这个桥梁的角色才能担当好。而宽厚执着是说我们一方面要善解人意，另一方面也要坚持自己的观点，不能人云亦云，只是记住不要把自己的想法强加于人就好。我们要知道，组织三方相聚的目的主要还是让对方接受自己的观点和想法，但必须用对方接受得了的方式。宽厚待人和坚持自我并不冲突，只是技巧运用的度的问题。没有技巧的交流就不会成功，但过分工于心计也难免被人看穿，我们一定要把握好其中的度与平衡。至于会说会听，是说我们尽管是桥梁，尽管把主讲的角色让给了A，但也不能做纯观众，也要做有效且恰到好处的表达。当然，这同样需要一个度，我们能否表达得好，表达得恰到好处，一定程度上还要看我们是否善于倾听，只有认真听别人讲，才能深入了解对方，听出别人的真实情感和意图，才能适时呼应，避免尴尬，建立起心理共识，并把握主动，不断做出话术及语言技巧上的调整。

2.FAB 销售法及其话术

销售，其实就是一个你买我卖的过程。但同样是销售，同等条件下，有些人能成交，有些人不仅开不了单，还招人厌烦。原因何在？有些人做得好，笼统地说，是因为他们了解销售，具体地说，就是了解一些具体的销售法则，比如著名的 FAB 销售法。

FAB 对应的是三个英文单词，即 Feature、Advantage 和 Benefit，翻译过来分别是属性、作用、益处。F 代表的是产品的特点，A 代表的是它的优点，B 指的是产品能给潜在客户带来什么好处。

有一个诠释FAB法则的经典小故事：有一天，一只特别饿的猫，独自在街上游荡，它想，要是能大吃一顿该多好啊！没想到心想事成，一位好心的销售人员突然出现在它面前，他看这只猫特别可怜，自己又恰好做了一张大单，拿了不少提成，于是就给了猫一摞钱，但这只猫无动于衷，一点反应也没有。销售人员见猫没反应，便又对它说："猫先生，这一摞钱是能买到很多很多鱼的。"但这只猫还是没有任何反应，趴在那里一动不动。好心的销售人员上前一步，再次告诉猫："猫先生，这一摞钱是可以买到很多很多鱼的，你用这些钱买了鱼就可以大吃一顿了。"这话刚说完，猫就像疯了一样扑向那摞钱，高高兴兴地买鱼去了。

大家能从中体会到什么呢？回过头来看一下，不难发现，对那只饿了的猫来说，销售人员那一摞钱代表的是一个属性，也就是前面讲到的F，它所代表的是我们产品的特点。销售人员对猫说，这一摞钱可以买很多鱼。这是在告诉猫钱的作用，也就是我们前面所讲到的A——优点。最后，销售人员说猫先生这一摞钱可以买很多鱼，买到鱼你就可以大吃一顿了，这是对猫的益处，也就是C，猫马上跳起来去买鱼。这才是一个完整的FAB。

我们在销售时,也要遵循FAB法则去介绍我们的产品,首先告诉他们这款产品具备什么特点(F),其次告诉他们这个特点有什么样的作用(A),除此之外,还要告知顾客如果他使用这款产品能带来什么样的好处和效果(B)。如果我们只是单独讲一个点,顾客就会像故事中的猫一样,不是没有反应,就是反应平平。

接下来,我们再来谈谈如何有效地运用FAB销售法则。回到之前那个故事:当我们的猫先生买了鱼并且吃饱了之后,这只猫突然想见自己的女朋友了,恰好我们那位好心的销售人员又走过来说:"猫先生,我这里有一摞钱,送给你。"猫没有任何反应。销售人员又说:"猫先生,这钱能买很多鱼,买完鱼你就可以大吃一顿了。"结果猫依然一点面子也不给,还是没有任何反应。

大家想想,在上面的销售情景里,销售人员怎样说,才能打动那只吃饱了之后想到了女朋友的猫呢?首先我们要了解一点,这只猫已经吃饱了,这时候再去跟它说给你钱你去买鱼大吃一顿,它自然没有反应。为什么?因为它的需求发生了变化。针对它的需求,我们可以换一种说法了。比如:"猫先生,我这儿有一摞钱,送给你,你可以买一套品牌化妆品，快过年了，你送给女朋友，让她变得美美的，她一定会非常开心，一定会更爱你。"

也就是说，我们在运用 FAB 销售法则时，要注意它的前提条件，那就是了解客户的需求。前面其实我们也说过了：不了解客户的需求，任凭你怎么说，客户都是没有反应的。我们经常会看到一些销售人员，在卖产品时不停地强调产品怎么好，效果怎么样，站在他自己的角度说，如果产品确实不错，这么讲无可厚非，但是站在顾客的角度，这是一种骚扰，他根本不需要这样的产品。

怎样判断一个人是否需要一款产品呢？

一般来说，顾客的需求信息来自两个方面：第一，顾客会主动告诉我们；第二，客户不直接告诉我们，这就需要我们在与顾客交流、沟通过程中，从顾客身上获取信息，通过分析信息，给予引导，给他创造需求。需求就像冰山，浮在水上的只是很小一部分，大部分潜在需求都隐藏在水下。需求需要挖掘，深深地挖掘。而深入挖掘，离不开观察能力。以化妆品销售为例，你首先要判断顾客的肌肤类型。之后要分析这种肌肤适合自己代理的哪些产品，做到心里有数。在告诉她应该用什么产品前，要先询问她，平时是怎么护理的，都用哪些产品，等等。顾客回复时要用心聆听，借以了解她的护理程序，并借机了解她的消费能力，最后再综合顾客反馈的信息，运用自己的专业技能，加以引导，给出合理的建议。

事实一再证明，顾客最讨厌那些喋喋不休、完全不在意顾客想法的人，顾客最想听到的是关于他的利益点和好处。当然，给顾客分析利益点要以事实为依据，我们不能过于夸大产品功效，不然后续工作非常难做。另外，介绍产品要尽量简洁易懂，有些专业话术并不绝对有效，甚至会起到反作用，毕竟客户的水平是参差不齐的。最后，使用 FAB 销售法则时，不要自己一个人在那里介绍得高兴，只顾自己说得痛快，顾客却完全没有反应。做销售，首先要与顾客产生共鸣，然后才能通过引导完成销售。

3. 帕累托法则与 ABCD 法则

帕累托法则也就是著名的"二八定律",又名"80/20法则",是由意大利经济学家帕累托率先发现的。他发现,在任何一组东西中,最重要的只占其中一小部分,约20%,其余80%尽管是多数,却是次要的。比如,社会上20%的人占有80%的社会财富,20%的人喝掉了80%的啤酒,传媒业80%的产值来自只占20%的娱乐业……人们经过验证确认了这一点,并很快把它普及应用到社会学及管理学中。

对应到微商行业,我想很多团队领导者都有这样的感受:团队倒是挺大,但团队的业绩主要是由几个骨干创造的，骨干自然应该重视，但别的成员也不能轻视，如何权衡呢？其实很简单，根据帕累托法则，你只需要把自己的精力按照相应的比例分配即可，不一定非得是2∶8，也可以是3∶7或者4∶6开，总之要有所侧重，要专注优质客户、优秀人才、核心资源等。另外，要好好地发挥这些骨干的真正作用，不仅仅是利用他们的才干去开发业务，也包括让他们培训那些平庸者：让他们把自己的心得传授给那80%，整个团队不就进步了吗？尽管达不到100%皆精英，但肯定比之前的20%好很多。

在实践中，帕累托法则还经常与ABCD销售法结合使用。而所谓ABCD销售法，其核心和关键词就是"分级"。也就是说，我们要学会在有所侧重的基础上科学分级、科学分析、科学分配。

比如，我们可以把客户分成ABCD四级，从而采取不同的公关、服务方式和策略。不同的公司对四级客户的分法也不尽相同，而微商从本质上看有点类似于大客户营销，即开发一代理，据此，我们可以定出以下四种分级：

A级——已签完协议或马上就要加盟的客户；

B级——了解到客户确有加盟意向，一个月内可以签合同的客户；

C级——建立了稳定联系,明确表示了意向,但不确定究竟何时能加盟;

D级——获得完整的基本信息,并建立了初步联系。

ABCD四级之外,还可以设置一个E极,即刚刚接触,正在获取信息中的潜在客户。分多少级不重要,重要的是通过分级,可以大体地掌握现在客户群的整体情况,从而合理地分配手中的人手与资源,更好地开发客户群。同时我们也不难发现,按照ABCD层级,通常客户的级别越高,人数越少;级别越低,人数越多。这样的分布规律对指导我们的日常销售管理很有意义。比如,我们可以统计客户分级与晋级之间的比例关系,即从E级到D级剩下了多少,从D级到C级又剩下了多少,依此类推,最终可得出从E级到A级的概率。然后,我们可以根据以往的经验,或者行业数据,测算出每一个客户大体上的产出。在此基础上,就可以推算出完成今年的任务需要多少A级客户。

之所以要结合着ABCD销售法一起使用,还在于帕累托原理并不绝对万能。销售也好,销售人员也好,永远是先有数量,后有质量,没有数量就没有质量。如果你只有一个销售员,就算是乔·吉拉德也不行。事实上,很多人并不知道，乔·吉拉德背后有一整个团队的支持。企业里也是这样，那些精英可能没有专属团队支持，但因为他们是精英，他们可以得到某些优质资源，可以利用自己的优势巧妙地抢同事的客户等。二八法则中的80%，不仅撑起了团队的架构，事实上也在默默地做着牺牲。

再比如，我们可以利用ABCD销售法细化销售工作。具体说来，就是根据销售人员的能力不同，合理配置销售人员组合，能力较弱的新人要多安排他们做些低层级的事情，能力较强的熟手则要多干些"临门一脚"的事情。前者看在眼里，记在心上；后者收获了绩效，也乐得培训新人。如此循环，自然江山代有才人出，营销队伍也因此生生不息。

换句话说，我们的销售团队也可以并且应该明确分级。因为优秀的人才总是稀缺的，如何充分发挥他们的作用，同时不忘发挥一般销售员的作用，对提高销售团队的整体战斗力非常关键。一般来说，人们会按能力将销售人员分成一级、二级、三级。当然，也没必要那么僵化，重要的是要有这种分级思维。除此之外产品的卖点可以划分级别，客户的需求也可以划分级别，等等。客户究竟会为哪个卖点付钱谁也说不准，兴许你只说了某一点就打动了他。但你也必须了解产品的所有细节，能应对得了顾客的任何反应，而 ABCD 销售法则显然有助于帮我们塑造这种能力。

4. 神奇的加减乘除销售法

所谓加减乘除销售法，就是借用加减乘除运算法则及其思路促进销售，这是一个非常实用的办法，而且根据不同情况有很多变式。

笼统地说，加减乘除法的核心技巧是给客户算账。往往不算不知道，一算吓一跳，很多东西必须一笔一笔地算给顾客听，最终得出具体的、可观的数字，才有说服力。这里有一个经典案例：一家矿泉水公司的销售员去一个报亭谈合作，报亭的老板不是很感兴趣，于是销售员给他算账说："大叔，卖一瓶水赚不了多少钱，通常来说，我们给你的价格是6角，您可以卖1元，这就相当于赚了40%

的利润，尽管只有4角钱而已，但您想想您一天能卖多少瓶？一年又能卖多少瓶？别人我不知道，那个十字路口的报刊亭一天能卖5箱，每箱24瓶，也就是120瓶，净赚48块，一月就是1000多元，一年就是1万多元……"这和"一瓶赚4角，一年赚1万多元"说的是一个事儿，但两种说法效果完全不同，前者的说服力肯定更大。

具体地说，加、减、乘、除四种法则，又各有各的侧重点。

先说加法，它就是利用人爱贪小便宜的心理，数量上尽量多给人一些。其实包括我在内，都有这个共性，就算去菜市场买菜，老板多给我们一棵香菜、一个辣椒，我们也会非常满意。如果这棵香菜还是我们要求来的，那么我们不仅自己有成就感，还会产生"这老板还行"的感觉。但如果对方不给面子的话，尽管只是几角钱的事儿，我们也会产生"这老板真抠"的想法，心里不舒服，下次也就不会光顾他的菜摊了。

有人会说，我是微商，根本见不到顾客的面，怎么做呢？很简单。如果顾客跟你订了很多货，比如你自家产的苹果，他一下订了100箱，你是不是可以多送他一两箱？他只订一箱也没关系，你是不是可以送他一斤同样是自家产的红枣？看似你亏了几块钱，但顾客一句话，他身边人的订单就飞向了你。

再说减法。减法思路与加法恰恰相反，它不是多给顾客东西，而是少收顾客的钱。但我们知道，商家怎么可能少收顾客的钱呢？价钱都是自己定的，不可能亏，只是多赚少赚的区别。

减法营销大家并不陌生，应用最广泛的就是会员制，比如美容院、宾馆、洗浴、理发店等发放的会员卡。有些商家还结合着加法思路一起操作，效果更好。比如充值500元送100元，充值1000元送400元，充值2000元送1000元，充值5000元不仅送2800元再立减500元等。这样做不仅能锁定顾客，规避淡季，还可以利用消费者的欲望，推出各种级别的会员，如普通会员、高级会员、VIP会员、至尊会员等，高级别给出更多折扣，更多福利，进一步增加我们的销售额。

乘法营销与除法营销总的来说是一个思路，在加法营销和减法营销的基础上加大了力度，让对方觉得自己得到了更多实惠，少付出了更多金钱。具体运用时，通常会用到转嫁手法和拆分手法。

这种方法电信公司运用得很好。比如免费送手机——

当然不会是免费的，他们只是用"免费"这两个字来刺激消费者。送手机，需要你预存5000元的话费。你一时钱紧，存不了5000元也没关系，先存2000元吧，剩下的办消费贷，每月还100多元，24个月还完。这样，通过"免费"两个字，厂家、店家、电信公司、小贷公司都赚到了钱，你算为盘活经济做出了全面的贡献。

再比如那个著名的广告——每天七十八，海马开回家！海马是什么？是汽车，即海南马自达。如果每天只需付出78元的代价就能让你拥有一辆汽车，你认为压力大吗？一点都不大。在北上广深等大城市，随便打个车都得百八十元。有了自己的车，方便、自由，想去哪儿就去哪儿。但要注意人家说的是每天78元，一个月2000多元，一年就是两万多元，这对工薪阶层来说压力并不算小，特别是当你不能用它获取收益的时候。但买车的人当时完全被"每天七十八"这句话吸引了，感觉完全不一样，心想打个车也不止这个钱，过了这个村就再没这个店，马上买吧——自己给自己做上了促销！

那么，是不是说运用加法思路就一定要多给顾客东西？运用减法思路就一定要减掉顾客应付的金额？肯定不是。我们说过，它有很多的变式，就像学象棋学的都是

"马走日、象走田"等基本法则,但高手运用起来就灵活得多。加法销售,可以是直接送东西给顾客,也可以是叠加产品的优势与卖点,让他觉得这个东西好处实在太多,不买非常可惜。同样的道理,减法销售,可以是减去顾客的金额,或者让他办卡,得 10 次的服务花 5 次的钱,也可以是一层层减去顾客的拒绝、疑虑、困难等。有时候你甚至不需要算账,直接给顾客提供一个直观的数字,就能够说服顾客。比如广告学大师霍普金斯在为 Van Camp 牌烤豆策划销售思路时,他并没有讲太多,他只是告诉家庭主妇们,自己烤豆子不仅时间长(十几个小时),工序复杂,又要选、又要泡、又要烤,而且很难控制火候(容易烤糊),一旦控制不好的话很不容易消化,那为什么不直接花钱采购物美价廉的 Van Camp 牌烤豆和豆酱?您应该把时间用在更应该用的地方。如果您不满意,我们承诺退还您的钱。结果在两个月内,该产品的销量就翻了四番。所以,方法永远是死的,而人一定要活学活用。

5. 过剩时代与 USP 理论

产能过剩、产品过剩、信息过剩、选择过剩……我们处在一个过剩的时代。这并不偶然，而是社会生产力发展到一定程度的产物。几十年前，美国一些行业就提前迎来了自己的过剩时代。"过剩"催生了一大批销售大师的问世，率先提出 USP 理论的广告大师劳斯·瑞夫斯就是其一。

USP 理论，即 Unique Selling Proposition，它是一种品牌战略方法理论，强调将品牌本身的卖点传播出去，这个点就是 USP，借助一个强有力的卖点，就可以最快最好地销售，并建立起自己有独特个性的品牌。

瑞夫斯不是纸上谈兵者，他曾任达彼思广告公司董事长，身经百战，策划了许多经典广告案例，比如 M&M 巧克力豆。1954 年，美国玛氏公司找到瑞夫斯，让他构想一个与众不同的广告，帮公司新开发的巧克力豆打开市场。此前，他们已经做过广告，但非常不理想。瑞夫斯认为，一个商品成功的因素就蕴藏在商品本身之中，而 M&M 巧克力豆就是最好的案例——它是当时美国唯一用糖衣包裹的巧克力。有了这个与众不同的特点，何愁写不出打动消费者的广告词呢？瑞夫斯仅仅花了 10 分钟，便完成了广告的构想，也就是那经典的八个字——"只溶于口，不溶于手"。广告语言简意赅，朗朗上口，特点鲜明。随后，瑞夫斯又为它匹配上一个电视广告片：画面上有一只脏手和一只干净的手，画外音则是"哪只手里有 M&M 巧克力豆？"简单而清晰的广告语配上同样简单清晰的画面与语音，就使得 M&M 巧克力豆不黏手的特点深入人心，它从此名声大振，家喻户晓。60 多年过去了，"只溶于口，不溶于手"的广告语仍然是 M&M 巧克力豆的促销主题，当年的玛氏公司也发展成为年销售额达 40 亿~50 亿美元的跨国集团。

"创意在广告里是一个最危险的词。"这是瑞夫斯的名言。他认为，广告创作应该多讲点科学和研究，少讲点艺术。他曾经举例说，人们看到了很多大型海报，画面往往是一张绝世美人的照片，标题是：自从金发女郎……固然，那个金发女郎很漂亮，但海报是用来传递什么信息的呢？经过打听，才知道这是一款雪茄的广告。这种广告显然是一种错误广告，尽管它提供的画面很迷人。

尤其值得注意的是，广告设计与品牌规划不是文学创作，你的广告词是不是一篇不朽的散文，是否具有诗情画意并不重要，重要的是帮助商品销售。

作家与广告设计师的一个很重要的区别在于，作家是靠想象力活着，而广告设计则需要立足于产品本身。仍以瑞夫斯为例，他对调查工作十分重视，有时甚至达到了吹毛求疵的地步。为了找到商品的独特销售主题，并使其确实可靠，瑞夫斯会对所宣传的商品进行反复测试和实验，不惜血本。比如，当美国著名的生活用品公司高露洁找到瑞夫斯，请他为棕榄牌香皂做广告时，为了找出独特的销售主题，瑞夫斯的公司与高露洁公司共同投资，对这种品牌的香皂进行了各种各样的测试，双方投入的资金高达30万美元。最后终于证明，如果每天坚持用这种香皂洗脸一分钟，就能改善皮肤的外观。于是，瑞夫斯把这一实验结果作为商品的独特销售主题，写成了一句广告语——"棕榄牌香皂使皮肤更为娇嫩"，并附上了详细的测试数据。

微商从业者也要善于挖掘或塑造产品的独特性，特别是团队老大。通常来说，我们可以从以下几个方面入手：

一是价格独特性。价格是消费者最敏感的因素之一，"没有降价2分钱不能抵消的品牌忠诚"这一著名论断说出了价格的重要性，价格可以抵消所有的独特性，而让消费者产生购买行为。价格是企业考虑的首要因素，是塑造品牌独特性的关键，在产品同质化严重时，价格独特是首选。

二是品种独特性。针对市场需求的差异性，企业可以生产不同于竞争对手的同品种的产品，从而向消费者传递一种信息，即本企业产品不同于其他同类的产品，从而打破消费者的消费壁垒，达到成功替代竞品的目的。

三是品质独特性。品质独特就是以产品优良的或独特的品质作为诉求内容，以面向那些注重产品品质的消费者。这种独特性的产品往往实用性很强，经得起市场考验，能赢得消费者的信赖。品质是消费者着重关注的，品质就是产品的核心使用价值，此使用价值能给消费者带来高程度的持续的满足。根据收入和消费偏好不同，消费者对品质的关注程度也不尽相同，但随着经济的发展和人民生活水平的提高，品质成了消费者非常热衷的话题，人们不仅可以接受"质优价廉"，而且越来越愿意接受"质优价高"。

四是功效独特性。消费者购买产品主要是为了获得产品的使用价值，希望产品具有所期望的功能、效果，因而以强调产品的功效为诉求是品牌独特的常见形式。很多产品具有多重功效，定位时向顾客传达单一的功效还是多重功效并没有绝对的定论，但由于消费者能记住的信息是有限的，往往只对某一强烈诉求产生较深的印象，因此，向消费者承诺一个功效点的单一诉求更能突出品牌的独特性，获得成功的定位。

五是市场独特性。市场价值可以作为品牌高附加值，企业在向市场导入新产品时，可以通过市场调查发现消费者的潜在购买动机，把其作为自己产品的附加市场价值。此种市场价值往往和一定的地域文化、生活习惯、消费习惯联系在一起。实际上是用市场价值扩充品牌价值，该定位是将人类情感中的关怀、牵挂、思念、温暖、怀旧、爱等情感内涵融入品牌，使消费者在购买、使用产品的过程中获得这些情感体验，从而唤起消费者内心深处的认同和共鸣,最终获得对品牌的喜爱和忠诚。

六是文化独特性。文化是人类历史发展过程中所创作的精神财富的总和,每个人都处在一定的文化背景当中。所以,企业可以选择文化作为品牌的卖点,将文化融入企业产品之中,形成品牌差异,引起消费共鸣。特别是当企业品牌内涵与外延不重叠时,文化作为卖点应该是首选。此类独特性受地域影响较大,不同民族,不同国家,同一国家不同地区,都有自己不同的文化氛围。因此品牌塑造初期难度较大,推广阻力也大,但品牌一经建立,品牌忠诚度就会很高,可替代性就会很低。

最后要说的是,掌握这些要领,能够从本来没有多少卖点的产品中挖掘出卖点固然是一种能力,但这种能力又意味着什么呢?意味着作为团队领导者,你可能最初在产品的选择上出了问题——为什么不直接代理那些本身就有明显卖点的产品呢?

6. 林林总总的成交法

世界上一共有多少种销售法则呢？林林总总，谁也说不清，几乎每个销售大师都有一套自己的理论。我们也没必要弄清所有的销售法则，毕竟招数是死的，而场景不断变化，好的销售能够看事做事，随机应变。下面再介绍一些比较好用的成交法，更多的还需要大家去自学，去请教，在销售过程中不断总结。

第一，假定成交法。假定成交法也叫假设成交法，是指销售人员先假定客户接受了产品，并在此基础上给一些具体的好处，暗示客户"你值得拥有"。比如，当客户嫌我们的设备比较贵时，你可以说："是这样的，张总，这个价格是行业价，作为业内最好的产品，我们没有理由定更低的价。同时，我们最大的优势是省电，假设您采购了我们的设备，可是要省下很多电的，这相当于降低了成本，效率也提高了，一举多得，不是很好吗？"

第二，选择成交法。选择成交法，就是直接绕过客户的疑虑或拒绝，提出若干个购买方案，并要求客户选择一种。比如那个经典的问句："您的煎饼是加两个蛋呢，还是加一个蛋？"再比如邀约话术里的："我们是礼拜二见还是礼拜三见？"这都是选择成交法。一般来说，我们给出的选择不宜超过三个，否则客户会陷入比较的旋涡，不利于尽快成交。

第三，小点成交法。小点成交法又名次要问题成交法，或者叫避重就轻成交法，我们看一个案例就能明白。比如某办公用品推销人员到某办公室去推销新型打印机，办公室主任听完产品介绍后，有点担忧地说："东西倒挺合适，我们也确实缺一台，但你这台看上去太过精致，我想要一台皮实点的。上一台就是太精致了。你看我们这里这些小年轻，一个个毛手毛脚，只怕没用两天又坏了……"这时推销人员马上截住他的话头说："主任，您的担心完全没必要。我们这款打印机就是看上去精致，用起来皮实。

而且我会教大家一些注意事项，万一有什么故障，我们还负责维修，随叫随到。主任，如果没有其他问题，我们就这么定了？"

第四，优惠成交法。优惠成交法又称让步成交法，指的是销售人员在关键时刻，也就是万事俱备、只差打折的情况下，通过提供优惠的条件促使客户立即做出购买决定的方法。例如："李小姐，看您这么喜欢我们的产品，我也实打实地说，我们现在正在做活动，活动期间您购买我们的产品，可以给您提供免费送货以及3年免费维修。如果您现在就买，我还能进一步给您个优惠价，打个九五折，怎么样？"

第五，保证成交法。保证成交法，顾名思义就是指销售人员在客户存有疑虑时，马上做出明确的保证或承诺，使客户放下心来，立即成交的方法。比如："您放心，您做了我的代理，加盟我的团队，我们就是命运共同体，把您培训好了，我们才能共同发展。您赚到钱了，我才能拿到分成。而且您放心，全程由我本人亲自带您。"

第六，小狗成交法。小狗成交法源于一个小故事：一个妈妈带着自己的儿子路过一家宠物店，随意逛了逛，小男孩喜欢上一只小狗，但妈妈不给他买，小男孩又哭又闹。这时店主走上去说："如果您不是很反感宠物的话，为了让孩子开心，可以先把这个小狗带回去，相处两三天再做决定。如果您确实不喜欢，再把它带回来就行，它也吃不了多少东西。"妈妈同意了，结果几天之后，全家人都喜欢上了这只小狗，妈妈高高兴兴地回到宠物店，买下了这只小狗。这就是先使用、后付款模式，相关统计数据表明，让准客户先行拥有该产品，交易的成功率会大幅上升。

第七章 微商运营工具

1. 欲善其事，先利其器

马云说："我开始害怕微信了。"我们不能简单解读马云所说的"怕"字。它是一种危机感，一种战战兢兢、如履薄冰的企业家必备的危机心态。然而，马云的担忧也很正常，毕竟建立在移动端的微信是一种比 PC 端更方便、更强大的应用工具，建立在移动互联网技术之上的微商更是淘宝等电商的劲敌。

无独有偶，我的一位科幻作家朋友最近也跟我感叹，现在的作家尤其是科幻作家很难做，不是文思枯竭或题材所限，而是无论我们怎么发挥想象力，似乎也无法超越新科技展现的精彩现实。随着微信公众号等平台的问世与发展，随便什么人都能够在上面提供内容，有的人自己没有原创内容，干脆就抄袭，但居然也能获得不错的效益。而像他这样埋头创作的人却有苦难言，到头来不仅为他人做嫁衣裳，还被嘲讽跟不上时代，真是天大的讽刺！直到区块链技术问世以来，他才稍微宽心：这种新科技可以遏制抄袭，加持原创，并引领知识付费时代的问世。

他的问题，其实也是整个社会的问题；他的期待，当然也是整个社会的期待。而面对当前这个急剧变化的世界，唯一的办法就是适应并拥抱它。只要你能够掌握它，你就可以依托这些新技术、新工具实现华丽转身，实现技术革命带来的个人事业上的飞跃发展。

微营销总的来说是借势于新媒体，也就是互联网新技术体系下出现的媒体形态，比如微博、微信、短视频、网络社区等。与传统营销方式相比，它不仅成本低、产出高，而且在创造财富方面的能力令人咋舌，也在各个领域释放出巨大的能量，创造了种种奇迹。比如有个专题片叫《千里寻子》，他讲的是一个叫邓飞的记者，发起"微博打拐"，利用其"大V"的影响力，帮助湖北人彭高峰在邳州找到了被拐卖多年的孩子。小小的一个微博，力量却有这么大，真可谓神器，真可谓神奇！

现代人总被调侃为"低头族",对此,媒体、舆论更是不乏批评的声音。然而,当我们抱怨低头看手机的时间占据了人们面对面交谈的时间时,我们应该知道这是人类对工具着迷的基因所决定的。从最初的石器工具开始,到现在的各种高科技产品,人类发明出的各种划时代的产品几乎都会这样霸占我们的身体和心灵,因为它确实对我们的生活有益处,所以我们不可能完全抗拒这些新工具。

当然,什么事情都要适度,就算是微营销,它其实也存在着适度问题。整个商业社会必须由渠道商、实体店、电商、微商等共同构成,不可能除了微商别的任何形式都不存在,这从近两年的新零售走势就能看出。另外,就像当年的电商刚问世时一样,人们通常认为它是小打小闹,但是今天,一些大的淘宝商户在资金、品牌等方面也已经成长得非常强大了。而以微商为主的微营销,假以时日,必将从整个商业界这个大蛋糕上切下更多的部分,因为微信用户是无比庞大的一个族群。

除了名字中带个"微"字外,微商其实一点儿也不微,它气势如虹,又光速传播。可以说,只要你的目标不太离谱,只要你的工具应用得当,在未来的商战中,微商这个领域能够满足你对美好生活的所有想象。

第七章 微商运营工具

人们常说,改变道路不如改变思路,而我们则说,改变思路很难时,不妨选择试着改变一下自己的社交工具。你能想象没有微信的生活吗?就像我们晚上回家首先会打开灯一样,我们一觉醒来就会去摸手机。因为在我们的潜意识里,它不只是一个工具,而是我们生活、甚至是我们身体的一部分。

最后讲一个管理方面的智慧,也就是曾国藩的"因量器使"思路。因量,指根据一个人的才量;器使,是把人当作工具使用的意思。《论语》有说"君子不器"。但曾国藩不这么认为,他认为真正的"不器"是指那些全才,能领导全局的人。这样的人是很少的,绝大部分人都是"器",你要把他当工具、当机器来使用。他是锤子就当锤子用,他是镰刀就当镰刀用。用人用得"当其时,当其事",庸才也能成神才;"不当其时,不当其事",神才也可能变成庸才。重要的是让合适的人去干适合的事。放到微商运营中来说,作为团队领导者,你不仅要非常了解团队中每一个人的才量,并"因量器使",让他们发挥最好的作用,还要尽可能地根据他的天赋、特长做相关培养,让他成器,成大器,从而更好地服务于团队。

2. 微信：与微商一同成长

尽管我们开篇即说，微商不等同于在微信上卖东西这么简单，但微商之所以得名与微信着实脱不了干系，"微商"这个词本身就是2013年微信社交软件问世之后才出现的新词。这些年来，微信也始终伴随着微商的发展，一代代地进行技术升级，不断地创新，不断地完善，从而吸附了越来越多的网友，也间接地创造了更多微商。所以说，聊微商不能不聊微信。若想在微商2.0时代取得不错的成果，更是离不开对微信应用的研究。

微信受微商欢迎，主要基于以下两点：

一是庞大的用户群。微信正式问世的时间是2011年初，6个月时间，其用户数量就突破了1000万，当年年底就突破了5000万，次年春季突破1亿，又过了两个月，翻番为2亿……如今，中国手机用户中完全不用微信的人已经很少了。

二是其营销功能。除了作为一款社交工具所必备的各种强大的功能外，微信还是一款具有明显的营销功能的社交软件。从刚开始的漂流瓶到后来的微信公众号，从朋友圈到微信群，从二维码到"附近的人"，从支付到广告，以及不断推陈出新的各种小程序，微信功能之强大已经到了非开发人员不能完全熟知的程度，我们也只针对一些非常重要的功能做必要解读，以便大家更好地应用。

先说微信红包。

正像微友们说的"一分也是爱"，一个小小的红包，是有效拉近彼此、消除陌生的工具。你想建群但通讯录中人数有限，发红包，让朋友帮你拉；你想进群，苦于跟群主不熟，发红包，让朋友把你拉进去，进去再发个红包，讲个笑话，马上就能站稳脚跟。谁不喜欢跟大方的人打交道？尽管只是几元几毛的事儿。

我们可以把微信红包和群发功能结合起来。比如在节假日时，当别人都在群发"节日快乐"的时候，我们也群发，但是发完之后不管对方是否回复，都不要马上回复他，而是要等到第二天，把回复我们的全部回复一遍："昨天太忙了，没来得及谢谢宝宝的祝福！"如果加上些微表情和小红包，效果会更好。尤其是红包，会让对方更加留意你，毕竟他收到了真金白银，而且还是在特殊时间回复的。红包金额不需要太大，0.52元就可以。不要心疼这点钱，你要知道，只要100人当中有一个人对你产生了好感或者信任，买了你的产品或者做了你的代理，你收回来的远不止52元。如果你的代理出了成绩，或者仅仅是很辛苦，是不是也可以用微信红包激励一下？这些都是很简单的做法，但效用着实不简单。

再说微信群。

如果你刚起步，那运用好万能的朋友圈就足够了。但过了这个阶段，创建微信群就是当务之急了。每个微信群都是一个小小的社群，它能满足群友之间人际交往的需求，也能满足群主的传播需求，还能作为精准营销的渠道，团队培训的平台，功能非常强大。建好一个微信群需要做好三件事：一是定位要准，二是构成要优，三是管理要好。定位要准，是指建群时我们一定要想清楚：为什么要建它？服务的对象是哪些人？如何服务好群友？有的朋友一时兴起建了个群，拉了一帮人进来，发发红包，相互认识，没啥共同话题，慢慢就散了。所以，我们要尽量建一些基于缘份的群，比如血缘群、地缘群、业缘群、趣缘群等。办什么事，都得先结缘。有缘，接下来才好开展业务。构成要优，则是指群要多元化，要有层次，群友构成不能太单一，不然缺乏观点的碰撞，产生不了多少沟通价值。同时，就算是基于共同的爱好，比如音乐、诗歌。成员也要尽可能地来自不同地方、不同年龄、不同阶层的各方人士，要有主导交流的核心层，要有积极参与的中坚层，还要有不时响应的围观层。管理要好，是指建群并不难，难在维护。作为群主，要保持群的活跃度，必要时还要发红包，但主要还是精力与时间的持久付出。群主必须制订简单有效的规章制度，对贴广告以及非本群内容、非本群公众号、传播不道德和非法内容等现象，要及时清场。在清理整顿的同时，也要时不时地吸收新鲜血液，让群员保持在满员状态，才不会让随意拉人的人钻空子。最重要的一点，群主不能全凭一己之力管理群，要善于借力，设置群管理员，群策群力。对于那些团队初具规模的微商来说，肯定也不止建一个群，这时候，更需要懂得借助下级代理或者潜在代理的力量来管理群。

接着说微信公众号。

从某种意义来说，品牌就是摇钱树。以前，一个品牌的建立往往需要几年甚至几十年的时间，而在移动互联网时代，仅需一年乃至更短的时间，这正是网络的魅力所在。微信公众号就是这样一类工具，也是相关工具中最具代表性的。微信公众号不仅使得微信既拥有传统媒体的优点（可传播），又避开了传统媒体的缺点（不能互动）；与同属微平台的微博相比，也具有其根本优点（大量用户），同时避开了某些缺点（关系强于内容）。这天然地适合打造基于精品内容的紧密社交网络，适用于打造品牌。不仅是微商从业者在使用微信公众平台，形形色色的商业机构，很多不甘平庸的创业者，不甘寂寞的文人，五花八门的艺术家，都看到了微信巨大的信息流量背后所隐藏的商业利益，这些行业共同推动了微信公众平台对营销行业的颠覆。申请公众号非常简单，难的是写出高质量的文章或软文。有些号根本不靠卖东西，因为内容有价值，单凭打赏也有不菲的收益。这一点非常值得我们广大微商学习，为了我们的长久发展也要学会写一些高质量的文章，而不是每天只会发发产品广告。

最后是二维码的应用。

二维码自问世以后，很快受到了世人的青睐，它是所有信息数据的钥匙。在现代商业活动中，诸如商品交易、网站链接、名片推送、车辆管理、电子凭证、广告推送等，都会用到二维码，二维码与我们的生活息息相关。很多产品推介会，只用微信和简单的二维码扫描，就能轻松获取了成千上万精准客户，实现百万级别的成交额。要尽可能地把我们的二维码制作得有创意、有特点，让人看了怦然心动，能勾起人们扫码的欲望，人们才会主动去扫码，分享，保存。这样做时，我们可以借助一些细分工具，比如"草料二维码生成器"，流程同样很简单，这里就做赘述了。

此外，微信的发展日新月异，各种小工具、小程序不断推陈出新，可以说微信是功能套着功能，工具套着工具，只要大家熟练运用以上主要功能，并紧跟微信升级的脚步，就一定会迎来自我品牌的升级和财务上的丰收。

3. QQ、博客和微博

可能在很多人的意识里，QQ 已经算不上是微商的好工具了。然而我们要知道，最早的微营销其实是从 QQ 开始的。所以，即便微信已如火如荼，也不能把 QQ 冷落了。你可以用微信绑定 QQ 留言，只要有人在 QQ 上给你留言，你的微信便可以收到。另外，我们发朋友圈时，可以一键同步更新到 QQ 空间。我们要知道，并不是所有人都玩微信，很多白领上班族，工作与电脑有关的人，对他们来说 QQ 更受青睐。换句话说，冷落了 QQ，等于放弃了一大批潜在客户。

微信自有过人之处，但 QQ 也并不过时，QQ 有些功能甚至比微信还更加强大，比如在传输比较大的文件方面，再比如QQ可以直接搜群，而微信却不可以。也就是说，我们可以利用QQ这一优势，先进入相关的QQ群，然后再导流至微信群。这样，理论上就算不要外人帮忙，我们也是想加多少好友就有多少好友。

跟微信营销一样，QQ营销也首先要有个好昵称。QQ的昵称一定要有亮点，一定要给人眼前一亮的感觉。因为QQ营销本质上是情感营销，首先让别人对我们的"人"有兴趣，然后才有机会卖出产品。

博客同样是个"古老"的事物，但现在做微信公众号的那些人，大体上也正是当年做博客及博客营销的那些人。博客从一开始问世就有营销工具的属性。于公司层面而言，可用它发布并更新企业、公司或公司成员的相关概况等信息，同时可以通过它及时回复平台上客户对于企业或个人的相关疑问及咨询，另外，它可以帮助企业或公司零成本获得搜索引擎的较靠前的排位，以达到宣传目的；对个人来说，博客主要可以用来宣传自己，同时可以为有需求的企业或个人做广告，以赚取收益。如果你以前写过很长时间的博客，有一定的粉丝，那就没必要停下来；但如果你以前没有写过博客的话，就没必要新开博客账号了。

因为博客的优点与缺点都是内容太长,而看博客的人很少会有那个耐心,于是微博问世了。短短140个字,再配上一幅图,或者加上一个视频、一个链接等,一个微营销场景、一个新闻、一个爆料等就诞生了。这大大降低了进入的门槛,毕竟大家写百八十字还是不难的,而且微博要的是短小精悍,而不是字数。会写的多写几句,不会写的写一句就够,只要够经典,够吸引眼球。所以,微博问世不久,很多人就从博客转入了微博,微博大军也在不断壮大之中。而如果你很早就有了自己的微博,并且有一定的关注度,那你也不必全盘抛弃了微博转投微信。

其实高明一些的微商,通常至少是双微战略,也就是同时利用微信与微博两大工具。微信前面已经介绍过,后续还会有细节方面的阐释,这里主要讲一下微博的"4I"原则。

所谓"4I",就是4个以I开头的英文单词,分别是Interesting(趣味)、Interests(利益)、Interaction(互动)和Individuality(个性)。

先说趣味,从萌芽之初到今时今日,互联网蓬勃发展过程中的每一款网络产品的立足点大都不出"娱乐"二字,即以幽默的文字、图片和视频展现内容,主打碎片文化的微博更是如此。一般来说,网民都不喜欢太官方的、枯燥无味的话题。缺乏趣味性的微博,粉丝会以最快的速度逃离。而失去了粉丝的关注和转发,微博将失去其真正的意义,将不再具有营销价值。

很多人心心念念于病毒式传播,而病毒式传播的根本恰恰就是趣味性。当你看到一个很搞笑的笑话,一段很有意思的文字,或者一张很有趣味性的图片时,你是不是想第一时间把它们分享给自己的朋友,让他们也乐一乐?其实就这么简单,与其自言自语地分享自己都看腻了的广告,还不如调足粉丝的胃口,传播一些自己看了都会笑的内容。先让他们笑起来,让他们在笑的同时顺便看看你的广告,千万别把先后顺序搞错了。

再说利益,正所谓"天下熙熙,皆为利来;天下攘攘,皆为利往",不让粉丝获益,自己就不会有收益。因为无利益,他们根本不会关注你。所以利益是粉丝量的催化剂,利益会驱使着粉丝紧跟你不放。作为微商团队领导者,我们尤其要懂得这一点,要适时拿出些"散碎银子",做些活动,在给粉丝送实实在在的利益的基础上,激活现有粉丝,调动更多粉丝"入我彀中"。当然,利益也可以是精神方面的利益。总的来说我们要遵循一个原则，那就是不断创造能够满足粉丝内心需求的事物。我们在实际操作中要有点"舍得"精神，也要学会借力，既可发布自家产品的打折信息，也可发布附近商场的打折信息。

然后说互动，也就是和粉丝保持亲密关系。对事业建筑在粉丝基础上的微商来说，怎么可以不互动呢？而且，微博之所以更具生命力，也不外乎是它的互动性。借助这种互动性，我们可以更好地感知消费者对我们的评价和好感度，并且及时进行发布内容的修订。

最后是个性，也就是做自己。微博的本质是自媒体，它与传统媒体最大的区别在于它具有生命力，并且个体运营者拥有话语权。所以，运营者首先要把自己还原成普通人，脱离生硬的、高高在上的思维。运营者要有个性，要懂得有特点才有价值，要将自身特点、文化以及我们的产品结合起来，使用个性化言语，搭载最有趣的图片，让我们的微博傲视群雄，让我们的气质值得追随。还是那句话，许多微博"大V"自己并不做销售，但因为粉丝众多，单是给别人做广告，也挣得盆满钵满。那些"大V"每天都在发什么，为什么受欢迎？值得我们好好学习。

4. 微视频时代与新微商

"南抖音，北快手"，当前微视频、短视的火爆是勿庸置疑的。很多与时俱进的微商，很早就开始了相关的尝试，运用微视频打造自身与产品的品牌，进行相关拓客，培训与营销。所以，我们有必要在这里做相关介绍，以便广大微商从业者尽早掌握其核心要素，将其更好地运用于自己的互联网营销。

微视频的最大特点，是大众参与性和随意性，它必须适合于手机展示。研究认为，手机用户对单个节目的时长有一个忍受的极限，也就是 5～20 分钟。这恰恰也是以往最受欢迎的两种语言类节目——相声与小品的时长。而对于当前的手机用户而言，这个时间被进一步压缩，最受用户欢迎的节目时长是3~5分钟。与之前的相声与小品相比，它要求进一步地把那些铺垫和衔接舍去，直接进入高潮时刻。事实上，很多微视频正是一些影视节目的精彩剪辑。微视频领域中的原创者，也从一开始就避免长篇大论，而把主要精力放在了精华的创作与营销上面。比如，几乎你每看一条原创的搞笑视频，最后都会提醒你"进群，进群，观看更多搞笑视频"。

此外，微视频还有以下几方面的特点：

一是互动性。微视频传播的平台一般也聚焦于微信等平台，这是因为微信平台可以更好地促进微视频的传播，以及由此伴生的单向、双向甚至多向的互动交流。观看者的回复也能为节目起到造势的作用，那些好的短片通过微信平台的传播，点击率往往都是直线飙升的。

二是娱乐性。微视频从一开始就高举娱乐大旗，追随着人性，其提供展示的也多是轻松有趣的关于音乐、明星、旅游、动物等视频。这些内容不仅具备话题性与传播效果，同时还有着解除大众心理负担、缓解精神压力的作用，正是如此，人们乐于分享微视频信息。

三是快餐性。微视频是快餐文化，其短、快、精、随意性特点正好迎合着这个忙碌的时代。瞬息万变的社会，高频率，快节奏，使得人们不再崇尚精英文化，他们要的是时间上的简短，意义上的精炼，而微视频正是这种快餐文化的代表。

四是低门槛。微视频与草根文化捆绑得非常紧密，很多视频制作者水平有限，节目的上传也仅仅代表个人表达，因而不具有权威性，但同时也更加亲民。另外，低门槛的好处是使得进入者众多，基数大，而群众的智慧是无穷的，所以低门槛也能出精品。

上述因素赋予了微视频不可低估的力量，使一部分先行者实现了财富裂变。那么，我们现在还能不能搭上微视频这个顺风车？或者说，已经上车的人，接下来还能这么顺风顺水吗？我觉得微视频领域大有可为。

这还得从微视频的特点与时代特色谈起。首先，互联网时代经历了从门户网站、论坛社区、博客、SNS到微博、微信的发展，现在已经进入了微视频时代。其次，在这个信息传播碎片化的社会形态下，更多的人放弃了长视频，倾向于微视频，因为它占时短，流量耗费少，而所想要的精神愉悦，是一样的。最重要的是，对于广告商、营销人员以及广大微商来说，可借助微视频，通过故事化、情节化的内容，全面展示自我以及品牌内涵，打破了常规电视广告的时间限制，从而实现了与消费者多层面、深层次的沟通。同时，通过微博、微信的导流，可使视频点击量倍增，而且并没有以往强行植入的广告带给人的种种不爽。最后，现在已经有很多人已达到"手机在人在，手机不在人疯"的境界，几乎都患了"手机不在恐惧症"，只要手机还有电，只要充电宝还有电，人们会习惯性地浏览手机，微视频则是其中的首选，再加上未来5G时代的到来，微视频肯定会越来越火。我们微商如果能抓住时代节点，在这片蓝海彻底变成红海之前，并尽可能掌握运用它，未来肯定是可期的。

5. 陌陌引流，探探拓客

陌陌与探探也是时下比较热门的社交工具，此外还有爱吧、派派、陪陪等，众所周知，它们多少还有些暧昧属性。比如当你注册陌陌时，如果填写"已婚"，那么加好友时通过率相对较低；如果填写自己是"单身"，通过率一般很高。虽然舆论界对它们有所批评，但所有工具都是个两面体，它既可能使人受益，也难免使人受伤，还在于自我的把握。

我们这里只探讨如何用陌陌与探探做微商的拓客与引流。

第一，填写申请资料时要选定性别，一旦选定是不能更改的，所以不要选错。

第二，头像要真实，要选比较好看的，但又不能太做作、太假、不能浓妆艳抹，也不能让人一看就知道你是微商。

第三，填写情感状态时，"恋爱中"或者"已婚"会降低"被搭讪率"。

第四，这类社交工具相对于微信的优势是，你能知道对方是否看过你发过去的内容，这就给了我们进一步揣测潜在客户心理的机会。

第五，这类社交工具的主体使用人群不外乎寂寞的女人和男人，而我们引流的主体则是女性。因为此类女性一来对美的追求更高，相关消费需求更大，而赚钱能力稍差，便于发展为顾客和代理。

掌握了上述基本原则后，我们就可以进入下一步，学习以下进阶知识：

首先是加群。这类软件一般讲究星级，设有很多限制，和别人打招呼次数受星级限制就是其一，而星级越高的话，打招呼的次数也就越多。以陌陌为例，升到3星及以上用户还可以拥有在陌陌吧发帖的权利等。聊天较多的话，星级上升就快。所以刚开始你要尽可能地在各种群里聊，迅速活跃起来，既能提高星级，又能为自己以后发展代理或销售产品做铺垫。

其次是混群。混群的目的是销售，是发展代理，而不是混群闲聊。同样，聊天也是有目的地聊天，更不能直接发广告。有时不经意的一句话，就能起到大效果。比如你在群里和大伙聊了一段时间后，忽然来一句"大家先聊着，我去发货了，今天快递太多了"之类的，他们会自然而然地问你"发什么货"，一来二去，就能起到"此时无声胜有声"的效果。

再比如当被问到"你为什么要做微商"的问题时，你可以说跟老公吵架了，想经济独立，又不想亏欠宝宝，那样他们对你的印象就不是简单的赚钱，而是一个寻求经济独立的女性，从而会不由自主地想帮助你、保护你，以买你产品的方式帮你。如果对方恰好也是这样的女性，并且感同身受的话，她极容易成为你的代理。

再次是装扮空间放上几张自己满意且能彰显自我价值的照片。尽量不要放满，因为太多的话只会让人对你的印象太发散。以放 3~5 张为宜：其中有一张必须是正面特写，主要展示自我，以及自己的精彩生活、经历等；还要有一张多人照，比如和一群朋友在 KTV 的合影，以凸现自己的人格魅力；最后尽量要有一张自己佩戴某些奢侈品首饰或者与某些奢侈品、艺术品同框的图片，以展示自己的高质量生活。

最后是特殊工具利用。比如陌陌的留言板功能，你可以在上面刷广告，但不要太多，否则会被举报。所以我们要本着"兵贵精而不贵多"的精神发广告，至多一小时一条。另外，在陌陌留言板上，有些关键字眼还会被系统自动屏蔽掉，比如"代理""钱""减肥"等，都是敏感字眼，所以广告内容要避开这些字眼。

想把任何一款重量级的社交工具玩转都不简单，因为它们就像微信一样，有着庞大的用户群，并且会根据用户需求不断升级，不过我们只要时刻牢记，我们用这些工具只是为了引流，无论如何，微信还是我们的主要工具，切不可主次颠倒。

6. 大数据与小数据

你有没有这样的经历：在网上只是浏览了某公司的官网，并没有注册相关信息，但销售电话很快就来了。这一方面让我们很愤怒——我的信息是怎么被泄露的？另一方面也说明，在科技日益进步的今天，关于大数据的应用已非常普遍。

我们在前面讲过二维码的功用，现在几乎所有的商家都知道这一点，但凡促销，必让人扫码。因为你只要一扫码，就进入了他们的资源库，然后他们的销售人员或系统进行遴选，之后才是电话销售或其他方式的推销。

再比如前面讲到微信的发展时，我们提到了它问世之初的爆炸式增长，这一方面是因为微信是一款好产品，有爆品的潜质，另一方面则是因为腾讯在QQ阶段积累了大量的数据与人气，不少微信用户都是直接从QQ用户转化而来。

淘宝也是如此，只要你曾经注册过、浏览过、点击过、交易过、投诉过，总而言之只要你曾经留下过痕迹，就都会被记录下来，他们就可以从商品、客户、地区、时间等维度入手，对你做相关分析。可能你本人确实浏览了半天但一件没买，但就像有些人不买东西逛商场也能为商场增加人气的道理一样，他们至少会看到你都浏览了哪些商品，借以判断这件商品是否为人气产品，等等。苏宁易购是这样，京东也是如此，百度当然更是这样。也正是因为这样，传统消费群体，特别是其中的优质群体，才会不断地向这些网络营销企业集结。

与之相对应，很多传统企业的营销人员陷入了巨大的困扰，他们几乎异口同声地说："大数据时代来了，营销找不到北了"。拼信息，信息现在已经透明了，而且信息被互联网科技抓在手中；拼成本，互联网企业各种成本都远比传统企业低，根本拼不过；拼运营，互联网企业打造了各种新模式，甚至打造出了一个新行业，让传统企业也跟着受益，那就是快递业……

其实不必担心，如果把大数据比作一瓶水，那么它既然能让互联网企业解渴，别人自然也可以喝。不过有些人、有些企业操之过急，结果一不小心就直接被吞没了。比如有些微商，听说加群好、建群好，就慌慌张张地加了很多群，也建了不少群，手机都买了十几台，但根本照顾不过来，整天被搞得焦头烂额，别说赚钱，连基本的生活质量也无法保证了。

所以，我们不能过于迷恋大数据，我们应该学会从大数据中找出相应的小数据。怎么找呢？先来看看亚历克斯·潘特兰的故事。他是大数据领域的顶级专家，早年曾经作为电脑程序员，在美国国家宇航局环境研究所实习，分配给他的任务是开发一个利用人造卫星从外太空观测统计加拿大领土内所有海狸数量的软件。人造卫星的精度不是问题，海狸的个头也不算小，但这种啮齿科动物，天生胆小，自卫能力很弱，习惯夜间活动，白天很少出洞，所以很难精确测度。怎么办？潘特兰灵机一动，想出一个主意：海狸有一个独特的本领，也就是筑坝，只要数清海狸坝的数量，就可以推测海狸的数量。尽管所得到的数据未必完全准确，但已是人类能力范围之内所能得到的最准确的数字。这个事例提醒我们：大数据应用之难，难在获取真正有用的数据。

我们再举一个更有借鉴意义的例子。案例的主人公不是别人，正是全球著名的巴菲特。话说巴菲特很小就开始创业，六岁就在家门口卖香烟、口香糖和饮料，有一段时间，人们发现他总是和自己的一个伙伴去加油站的垃圾桶收集各种饮料瓶，人们以为他们不过是为了多赚点钱，捡瓶子卖给收废品的。事实也是这样，但他们只卖瓶子，不卖瓶盖，而是把各种瓶盖分门别类储存起来，过段时间再细细清点，以此发现哪种饮料最受欢迎，卖得最火！这就是大数据应用！

我再举一个国内的例子——沙龙威。这是一家美容美发行业平台，主打美容美发行业领域的信息服务。经过多年努力，他们聚集起了国内两万名顶级美容师和美发师，分布在几百个微信群、QQ群中，所有资源用4部手机就能装下，随身携带，实时响应。有人会说，这资源不多啊，很多公众号的粉丝用户量远超这个数。但我要告诉大家的是，他们是故意控制自己的资源不让它积累得太多，对一个大平台来说，买一百台手机算事吗？不算。但并不是说你圈的人越多你的资源就越多，人数可能会呈指数级增长，但那样的人数未必是资源。为避免无效资源的干扰，他们设了个两万人的门槛，确保里面每个人都是优质资源，并不断更新，随时引进更好的资源，末位淘汰。比如某美容美发业老板想扩张，他首先需要租赁店铺。只要他通过系统发布相关消息，手上恰好有店铺想出租或转租的人马上就会看到，并做出反应。因为这个平台有门槛，规模又不大，所以又不至于被铺天盖地的信息淹没，相关信息的对接反倒更快，远超一些大平台。这样的平台当然有价值也很受欢迎。

我们做微商，也大抵如此，要懂得抓取大数据中的小数据，前者会让我们的视野更宽广，后者能让我们的思维更清晰。二者结合起来，才能形成一个反应迅速的实时响应系统，才不至于在大数据时代迷茫。

第八章 微商思维转型

1. 从卖产品到卖服务

不知不觉，微商这个行业已经走过了 5 个年头。两年前就有人说，微商问世 3 年，但它走过了传统直销行业 30 年才能走过的路。这不是夸张，微商正在以史无前例的速度给直销行业以及传统行业带来前所未有的冲击。与此同时，微商群体也在不断进行着主动与被动的嬗变，各种各样的知识、思维都被拿来应用与嫁接，应用成功者有之，失败者更是不计其数。当然也有从始至终墨守成规者：随你们怎么讲，我就坚持在朋友圈卖卖东西得了！

这也是传统微商的代表思维与经典现象，是微商的初级阶段。就像其他行业一样，有些人可能很早就入门了，但始终不能登堂入室，始终只能停留在初级阶段，庸碌一生。其中也有一些人，他们也想登堂入室，但可惜不知道门口在哪里，路朝何方。为此，我专门总结出了"微商五阶法"，供大家参考。

所谓微商五阶法，是指做微商的五个阶段，分别是卖产品阶段、卖感觉阶段、卖系统阶段、卖行业阶段和卖服务阶段。这五个阶段都有明确的指向性，卖产品是为了做成，卖感觉是为了做成功，卖系统是为了做大，卖行业是为了做强，卖服务是为了做久。

第一阶段卖产品。在这个阶段，很多微商是迷茫的，他们相信一些老师的话，认为自己当前是微商新手，学习最重要，销售可以放一放。其实不然，没有人是为了学习而做微商的。销售这个行业，"销售"这两个字本身就是硬道理。在微商的第一个阶段，只要你不是纯粹地骗人，你不必太在意怎么卖，只要你卖出去，你就有发自内心的自信，就能坚持下去。所以，当你加盟或者拿下一个品牌代理的时候，关键就是要把它卖出去。而且，就算是学习，你首先要学的也是各种销售技巧，通过学习找到快速成交的模式，比如怎样找潜在客户，怎样吸引他们，最后怎么成交等。

第二阶段是卖感觉。感觉是一个很奇妙的东西，只要你能让人感觉不错，哪怕产品本质上不过如此，人们也会乐于买单。比如，曾经火爆一时的小米4手机，其主打卖点是"奥氏体304钢板"，为了宣传这个卖点，小米投入重金，拍摄了名为"一块钢板的艺术之旅"的唯美的专题片。其实奥氏体304算不上什么高大上的科技，但通过小米艺术性的创意宣传，对材料科学一无所知的人们就在潜意识里形成了"这肯定是非常了不起的技术，不然人家为什么把它当成卖点？"的认知，再比如金龙鱼调和油，很多消费者是因为听了它"1∶1∶1"的广告词，究竟这个"1∶1∶1"有什么科学道理，甚至就连这个油是不是真的是"1∶1∶1"大家其实也不太清楚，但既然广告这么说了，难道会有假？难道会对身体没用？

怎么卖这种感觉呢？那就是像上述两个案例一样，找一些概念，挖掘一下卖点，然后告诉消费者就行。当然，如果产品确实不好，我们也不能睁着眼睛说瞎话。为什么有那么多人排队买苹果手机？因为它确实好，从外观到界面，从系统到操作，给人的感觉就是无可挑剔，必须拥有。但是新上市的iPhone XR为什么需求低迷呢？这主要是因为近些年来华为等国产手机品牌崛起，人们产生了国产机跟苹果比也差不多的感觉——还是感觉！所以，联系上下文，我们说，卖感觉还是要与卖产品结合起来，其关键词是"好产品"。产品不好的话，你很难卖出去，顾客也很难对你的产品和你的人有好的感觉。

第三阶段是卖系统。当你掌握了上面的知识与技巧并能纯熟运用、卖货已经不成问题之后，你就要考虑如何做大的问题了。怎么做大？很简单，你只需要招代理并且把他们培养成现在的你，一个系统就成型了，整个系统都为你的业绩服务，你只需监控整个流程，并且不断夯实、优化、壮大现有系统就行，就能实现全自动赚钱。这里的关键词是"人才"，首先你自己必须是人才，然后你才能吸引人才，把团队搭建起来，然后借助人才发现人才、培训人才、复制人才、输出人才和储备人才。

第四个阶段是卖行业。怎么理解"行业"二字，或者说怎么理解微商与微商行业的关系呢？初级微商不太需要考虑这个问题，他只要懂得微商行业方兴未艾、未来大有前途就行。在这个行业里，虽然你目前还是小花小草、小鱼小虾，但天高任鸟飞，海阔凭鱼跃，当你长到一定高度，并且身边有了很多跟你水平相当的伙伴，也就是说当你的团队也有足够的竞争力的时候，你才需要考虑，同时也必须考虑自己如何与行业共生的问题。这时候的你已经不需要天天盯着团队了，你要把自己的精力花在如何影响整个行业的层面上，也就是要致力于把自己的团队领导成为行业内具有重要地位乃至主导地位的团队。很多微商可能想不到这一步，这是信心不足、动力也不足的表现，但肯定会有人去想这些，去做这些。你不能在未来引领行业，那就只能让人家在未来主导你，甚至淘汰你。就像蔚来汽车CEO李斌所说，未来中国的潮流就是世界的潮流，我们一定要长志气，一定要把这份主导权抓在手中。

第五个阶段是卖服务。这其实是返璞归真阶段，也是万法归宗阶段。比如说，产品或许比较普通，但我们服务跟上去了，普通产品在顾客心里也不普通了。产品好，服务跟不上，顾客照样不买账。其他几个卖感觉、卖系统、卖行业等阶段，都离不开服务阶段，但凡是产品都离不开高质量的服务。

我们还可以把这五个阶段总结为两大阶段，即如何活下来的阶段，和如何活得好、活得久的阶段。无论在哪个阶段，都需要学习相关的知识，掌握必要的技巧，否则不是能否进阶的问题，而是直接面临生死考验。一个习惯了拥有强大团队的人，他还能回到一个人默默卖产品的时代吗？

2. 从塑造产品到塑造人品

传统的销售基本上都是从塑造产品开始的，确切地说就是塑造产品的价值。塑造产品价值的方法包括寻找产品的卖点，能给客户带来的好处，能让拥有该产品的顾客多么快乐，而不拥有它又会有多么痛苦，等等。这恰如知名激励大师金克拉所总结的"不论你卖什么，要清晰传达给你的潜在客户知道：买下它要比不买下它来得好"。

有些人会说，我就是这么跟客户说的啊，我把我代理的产品都塑造成神品了，但为什么客户还是不买单？如果是传统的培训师，他们会告诉你："这是正常的，销售就是拒绝＋总结，再拒绝＋再总结。"实际上，产品塑造也要把握一个度，要恰到好处，如果已经在这方面下足了功夫，但销售依然难以展开，那么产品塑造本身也是应该总结和反思的。

最重要的一点，不要将产品塑造过度，比如市面上，很多销售把产品功能说得一应俱全，包治百病，但真实效果骗不了人，顾客或者基于你的面子，或者基于你的口才，或者基于你的勤奋，上一次当足矣，再想让人掏腰包是千难万难。代理这样的产品，或者这样做代理，开发一个客户等于丢失一个客户，是注定做不长久的一锤子买卖。

现在很多人、很多企业迷恋品牌，其实品牌最初的通俗解释不过是个标牌，就好比有人喜欢在自己的物品上写上"某某的笔""某某的书"一样。在英文中，品牌的原意是"烧灼"（Brand），也就是通过烧灼给私有财产打上烙印，以示标记和区别，主要是家畜。到后来，品牌才有了证明品质的含义。

很多人迷恋奖杯，只要有地方给他的产品颁奖，发质量认证，哪怕再不入流的协会、学会，也是乐此不疲地去买奖杯，其实，金杯银杯，不如顾客的口碑。

口碑才是终极的传媒。最有效率的销售从来都不是由销售团队来完成的，销售绝对不是销售人员和顾客对接一下那么简单。最热情的销售人员也从来不在公司内部，他们是一些你不认识的人，会在你不在场的时候为你宣传。口碑会引爆口碑传播，它通常发生在朋友、亲戚、同事、同学等关系较为密切的群体之间，这种长期稳定的关系赋予了它极高的可信度，从而推动了它更快地传播。所以，口碑营销又叫病毒式营销。

但是，一个令人很尴尬的事情是，很多人为了私利，居然真的把它败坏成为了"病毒营销"。很多传统微商就是这样，什么话都敢说，什么牛都敢吹，什么责任都敢不承担，到最后，成了人人喊打的过街老鼠，成了人人避之唯恐不及的病毒。

很多钉上了耻辱柱的企业，最初的想法并不坏；很多令人讨厌的微商，最初也是想把好产品和好机会带给大家。所以，我们必须回归初心。如果我们是企业家，那我们必须生产好的产品。如果我们是微商，我们必须代理好的产品。不好的，宁可不做。当人们都发现你确实从不销售次品后，你卖什么给他们，他们都会认定是好产品。他们可能不了解你的产品，但他们了解你的人品。这已经足够了。

相对于塑造产品，塑造人品相对简单，也没有什么硬性规定。总之，你只需要做好人，别做坏事就行。但这并不能解决所有问题，你还要做一个有知名度的好人，做一个有魅力的好人。所以，我们这里的塑造人品，不止强调一般意义上的人品，也包括人格魅力。

过去，不错的产品加上不错的广告，就能取得不错的销售业绩。一般的产品加上一般的广告，也能让销售业绩过得去。反正市面上产品也不多，能生产出来的基本上都是刚需，只是卖得快与慢的差别，赚得多与少的区别。但现在形势变了，产品过剩，销售太多，互联网上什么产品都有，如果不能让人发自内心地喜欢你的产品，凭什么要买你的？

不知不觉中，社群时代到来；不知不觉中，粉丝经济崛起。未来，是产品人格化的时代；未来，没有粉丝的品牌别说做大，连生存都难。

譬如罗永浩和他的锤子手机。罗永浩原先就是个英语老师，他却要做手机。这看起来挺不符合他的身份，但是，因为大量粉丝的支持，罗永浩不仅做出了锤子手机，而且锤子手机一度成为黑马，杀进市场销售排行榜前列！罗永浩的大招就是演讲，他把产品发布会搞成了演说会，又把演说搞成了单口相声,以至于后来的创业者都成了段子高手,相声行家。罗永浩的演讲视频《一个理想主义的创业故事》,点击量不断飙升,今天还在创业者中传播。粉丝们认可锤子手机吗?未必。但他们认可罗永浩,无论罗永浩做什么、卖多贵,条件允许的话他们就一定会支持。

再比如我的一个学员,她主要做水果时鲜方面的销售,最主要的产品是樱桃,家里有上百亩樱桃园。初做微商时,她也没多想,反正就是自产自销。她是个很重家庭的人,所以她的头像放的是她老公抱着两个孩子,而不是她本人。这实在是一个错误,而且是个美丽的错误,因为她本人是个大美女。所以我问她:"你为什么不换成自己的头像,怎么对得起自己的美貌?"她不可能没听说过眼球经济,可能是忽略了,也可能是从小就被人夸反而看得淡了,总之之前没有好好利用。采纳了我的建议后,销量毫无疑问地提升了。为什么?因为没有人会成为樱桃的粉丝,没有人会爱慕一颗樱桃,但人人都喜欢看美女。产品本身再好也没用,因为它们没有生命。想把好产品卖好,我们就要赋予它们人格,比如让人倾慕的美貌,让人钦佩的帮助山区农民致富的情怀。

其实,品牌在诞生之初就有了人品属性。比如至今依然是全球瞩目的世界级名表百达翡丽、芝柏、宝玑和朗格品牌，它们都是在十八九世纪诞生的，这些品牌使用的全都是制作者的名字。这些品牌代表的是他们精湛的技艺，也是他们的诚信，更是家族的荣誉。奔驰、香奈尔、雅诗兰黛、羽西、赫莲娜、丁家宜、周大福、王麻子、皮尔·卡丹、李宁等，这些我们熟知的品牌背后都是人的品牌在后面支撑。互联网时代的到来，重新唤醒了人的自由属性与主体属性，现在我们必须重拾它们。

有人会说，这我可不行，我又不是罗永浩，而且我努力也成不了罗永浩。这没错，我们确实不应该一味地向名人看齐。不过我们要知道一点，罗永浩之所以有粉丝，不外乎是因为他身上有人们欣赏的东西，比如知识、智慧、幽默等，当然还包括其他让人欣赏的特质，比如美丽、性感、温柔等，你不可能完全不具备，你只是以前忽略了它们，而以后我们要把它们淋漓尽致地展示出来，同时培养更多的魅力因子，让自己更有吸引力。

3. 从没头苍蝇到思维导航

"没头苍蝇"是一句俗话，也是一句颇有科学道理的话。科学家做过一个实验，分别把蜜蜂和苍蝇放在两个一模一样的广口瓶里，结果显示，蜜蜂在里面的死亡率是苍蝇的 2.3 倍。其实这两种昆虫都不具备高级认知能力，对于困住它们的广口瓶基本一无所知，不知道出口在何方。但是苍蝇这种昆虫有个优点，被装进瓶子后它会乱动，而且频率非常快，它们疯狂地找出口、碰出口，侥幸碰到就能逃出生天。但蜜蜂不行，蜜蜂的行动太规律，包括去哪里采蜜，碰到同伴要怎样跳舞等，所以它们进入广口瓶后，稍经试探，便趴在瓶壁上再也不动，最后死在里面。

苍蝇与蜜蜂的行为，表现在人类社会上就是有人盲动，有人不动。正如盲动的苍蝇生存机率很高一样，有时候撞大运也能撞出不错的人生。比如改革开放时期，很多人连学都没上过几天，但乱打乱撞居然也能有所作为。王健林的名言"清华北大，不如胆大"说的就是这种现象与背后的思维。但现在不比当初，我们必须科学行动，不能为试错付出过多代价。

科学行动即行动科学，它是西方学者提出来的。我们的行动无非盲动与科学行动两种，以做微商来说，有些人仅仅是因为入行早，站在了风口上，就此在盲动中取得了成功。而有些人尽管入行晚，但因为善于思考总结，靠着一套科学的行动方案，也很快取得了不错的成就，往往还后来者居上。因为前者只有靠机遇，而后者有不可或缺的学习力。

可以说，当一个人具有了这种学习能力，就如同陷入沙漠中的人找到了饮食补给，而且有了GPS导航，尽管前方依然迷蒙一片，但因为有了导航，有了食物和水，他们便不难以最快速度抵达最近的绿洲。

微商的出现，确实为许多人指引了人生方向，但我们反复强调，微商不是在朋友圈、微博上发发产品图片和文字描述那么简单，我们必须采取相关策略，按照步骤，循序渐进地向前推进。那些自己不知道该如何展开工作的微商，首先应该掌握以下内容：

首先是确定目标客户群体，也就是找到你的目标消费人群。每种产品基本上都有它固定的消费人群，彩妆卖给女性，保健品卖给老年人，剃须刀卖给成年男人，我们要结合自己产品的特点，寻找匹配自己产品的目标人群，然后再对目标人群进行调研，充分了解目标客户群体。有人把这个过程比喻为钓鱼，我感觉非常恰当，而且我觉得有必要做进一步阐释。钓鱼时，我们首先要确定钓哪种鱼，确定了鱼种后，就要分析鱼的活动区域，它的喜好、最喜欢哪种饵料等。举个例子，你销售一款防臭篮球鞋，那你很容易就知道自己的客户群体是爱好篮球、喜欢在篮球场挥汗如雨的人。接下来我们要想到，这些人最喜欢活动的区域就是篮球场固然不错，但我们应该以哪里的篮球场为主攻阵地呢？答案是大学里的篮球场。换句话说，大学生篮球爱好者群体是我们的精准用户群。选择他们的一个深层次原因就是，他们通常三五成群，你搞定一个大学生的话，通常一个寝室、整个球队都会买你的产品。

其次就是了解客户的兴趣爱好、性格特征，对应前面的比喻，就是说要了解鱼的喜好，比如什么鱼喜阳，什么鱼喜阴，什么鱼喜欢什么样的水质等。对应到人身上，则是性格、气质与爱好。《三国演义》中的诸葛亮，之所以敢唱空城计，就是因为他了解司马懿多疑的特点，而且他还知道司马懿对自己的了解是谨慎不冒险，所以才敢对症下药，诱司马懿上当。当然，要分析对方的特点，你必须了解对方才行。不过，我们至少可以了解相关客户群的基本爱好，比如老大爷、老大妈爱跳广场舞，白领爱看电影、喜欢旅游等。如果你能从相应的话题准确切入，是很容易拉近双方的心理距离的。

再次就是了解客户的根本需求，对应前面的比喻就是说，鱼最喜欢哪种鱼饵。很多鱼的食物很杂，但总有它们最喜欢的那一种。很多客户有很多潜在需求，但只有那些刚需，才最容易让他们买单。比如一位秃顶的男人固然也需要一套假发，但他更需要的是有生发效果的洗发水。消费者之所以要选择你，是因为他有无法解决的烦恼，而这个烦恼你恰恰能解决。

最后是筛选，也就是细分客户群体。为什么要筛选呢？因为有些鱼太小，吃起来很没意思，放掉倒是积了功德。我们在刚开始的时候要尽可能地遍地撒网，但越到后来，越是要有舍得精神，也就是通过改变网眼的宽度，让那些我们看不上眼的小鱼自己溜掉，只有这样才能网得大鱼上岸。

对于企业来说，如何筛选客户呢？最主要的方法就是价格调节，不同的价格面对不同的消费人群。如果做高端群体，就定出适合高端客户的价格。千万不要想着能把整个大群体的生意都做了，不同阶层的消费观念是不同的，要懂得"小网捞不到大鱼，大网捞不到小鱼"的道理。

4. 从硬广告到情景互动

几乎很少有人喜欢广告这种东西，而选择做微商，基本上也就等于选择了一个暂时不太受欢迎的行业。为了生存与发展，为了销售与发展代理，你不能不打广告。然而微商打广告的话，风险又很大，毕竟人家影视作品广告后面还跟着精彩内容，但你的广告后面就是让人掏钱，所以被拉黑、被删除，都是再正常不过的事情。因此，这里有必要讲讲如何打广告。

先说硬广告，在以前，硬广告不外乎电视广告与平面媒体广告。它的优点是传播速度快，杀伤力强，受众最广泛，反复播放可以增强公众印象。受此影响，到现在，硬广告也备受欢迎，因为它确实有效。

比如我们熟知的史玉柱策划的脑白金广告，一句"今年过节不收礼，收礼就收脑白金"反复播映，尤其在黄金时段。这让史玉柱东山再起，还清了欠债还赚得盆满钵满。但它也开创了粗暴式广告的先河。进入微时代，软广告大行其道，这种简单粗暴的硬广告的缺点也一一浮现，比如渗透力弱、费用昂贵、传播同质化等。

而软广告，它与硬广告的区分主要体现在对营销目的的包装上。硬，就是直白的营销；软，好似绵里藏针，收而不露。等你发现这是一篇夹带着广告的软文的时候，你早已掉入了对方精心设计的陷阱，并且还不那么反感。软文广告追求的就是这种春风化雨、润物无声的传播效果。如果说硬广告是少林的外家功夫，刚猛无情，烧钱无悔，那么，软广告则是绵里藏针、以柔克刚的太极，借力打力，花小钱办大事。

软广告也需要硬实力才能操作。时代巨变，硬广告江河日下，如今的硬广告效果不好，甚至引人反感，起到了负面宣传效果。

广告是干什么的？不妨从它的词源说起。广告首先源于拉丁文 advertere，意思是"注意、诱导及传播"，后来演变为英文中的 Advertise，是"使某人注意到某件事"的意思。英国工业革命后，商业空前繁荣，"广告"一词开始流行。商家发广告，是为了方便那些有需求的人在需要的时候找到他们。比如你想搬家时，首先就是上网找一家搬家公司当然也可以到自家外墙上找找别人贴的小广告。

社会上商品少时，不发广告，人们也会慕名而来，这倒不是酒香不怕巷子深，而是因为除了你这条小巷，别处无酒可卖。但现在社会上的商品较多时，广告的作用就显示出来了。社会进入商品过剩时代，广告的竞争就白热化了。为什么到处有微商在刷屏，说到底还是商品多，卖商品的也多，人们可选择的更多。但恰恰也是这些人，刺激了软广告的诞生，以及互动传播的流行。

如果说广告是撒网捕鱼的话，那么互动就是垂钓，而且是愿者上钩。我们知道，姜太公钓周文王，那是做了很多准备工作的，仅才华上的准备就用了几十年。我们的精力，也不能随便浪费。成功学中有个"二八定律"，也叫"20/80 法则"。"20/80 法则"也适用于微商行业。但具体到发广告，操作时要注意反转。也就是说，你的朋友圈中最多只能有 20% 的广告，否则就会让人反感，人们即使不拉黑你，也不会看你的广告。其余的 80% 发什么呢？价值。而互动的核心，就是向有价值的人传播价值。

做微商，互动是必修课。但具体怎么互动，实在是包罗万象。别人给你留言、跟你说话，你及时回复，马上搭腔，这叫互动；你主动给别人留言，跟别人打招呼，这也叫互动；收完别人的红包说声"谢谢"是互动；主动发红包后别人说"谢谢"时说声"不客气"还是互动……只有这样有来有去，大家才会从陌生走向熟识，从熟人变成朋友，接下来做什么、说什么都显得不那么唐突了，很多事情开着玩笑就办成了，话术都可能变成多余的了。

往深层次里说，发朋友圈时，互动就是你不要光顾着自己发朋友圈。你想要别人为你点赞，就先去给别人点赞；想引起别人的关注，就先试着关注别人。做微商，是个走心的事业，点赞虽好，但不分青红皂白，见谁都去点赞，那是传说中的"点赞狂魔"，往往容易引发负面效果。

5. 从对牛弹琴到庖丁解牛

对牛弹琴和庖丁解牛都是我们熟知的成语，把它们联系起来，怎么理解呢？

很明显，对牛弹琴是很多微商都遇到过的困扰。你准备了一篇讲演稿，花了很多时间练习，自认为讲得也不错，激情满满，但听众几乎要睡着了。你费尽口舌，拼命劝人加盟，但别人总是无动于衷。慢慢地，因为你做微商，连家人都让你觉得难以沟通了。

对牛弹琴，绝不是牛的错。美国总统林肯说过："当我准备发言时，总会花 2/3 的时间考虑听众想听什么，而只用 1/3 的时间考虑我要说什么。"戴尔·卡耐基也说过："你想钓鱼，先问问鱼儿想吃什么。"要想成为一个成功的微商，你首先要成为一个会说话的人。而想成为一个会说话的人，你首先要了解你的听众最喜欢听什么。只有你说的是他想听的，他才会听下去，这是沟通的立足点。

人们最想听的话，是"您好，今天我们做活动，参与就能免费拿产品、得服务"之类，但这也仅限于那些没有根本需求的人。试想一下，你正头疼得厉害，就算有免费产品拿，你是不是也先考虑去药店或者医院？到了药店或医院，你最想听的就是医生告诉你倒底得了什么病，给你开的这个药的作用是什么，与同类产品相比有什么好处或者独特之处。

很显然，我们在销售过程中不能傻乎乎地说："您好，我给你一个好产品，它会给你带来快乐。"这种介绍太程序化，也太笼统，若反其道而行之，就是疱丁解牛式的销售话术。

有人认为，既然叫"疱丁解牛"，那我们肯定就是"疱丁"，顾客就是"牛"，那我就先了解顾客好了。其实不然，好的疱丁，首先要了解自己，包括了解自己的优势与不足，也包括自己代理的产品。不是简单地了解就行，要有非常具体的认知和全方面的观察与思考，进而归纳出具体的策略。通过必要的培训或学习，我们至少要达到我们对自己代理的产品以及我们所从事的微商行业的认识远比客户的认识更深、更宽、更全面的程度，否则人家干吗要向你购买？干吗要做一个还不如他的人的下属？

了解与认识是前提，在此基础上，还要通过不断磨炼，具备用语言把脑海中所有相关知识、图像和感觉复制到潜在客户大脑中的本事。你对行业很喜欢，你对产品很了解，你认为是司空见惯的事情，别人却未必跟你一样。你需要解释，需要通过语言表达你的行业优势和产品特点。

我讲一个经典案例：

20世纪初，美国有一位营销天才，名叫克劳德·霍普金斯。当时美国啤酒行业竞争激烈，为了保住自己的市场份额并更上一层楼，全美排名第八的啤酒公司邀请霍普金斯给自己出个广告方案。

霍普金斯参观了这家啤酒厂，过程中发现了一些"事情"，主要包括：这家啤酒厂在密歇根湖畔，在酿酒前，他们先要打一口400米深的井，取水用来酿酒；接着他们要测试两百多种酵母，目的是选择一种味道最好、最适合的酵母；在产品检验时，他们会在两百瓶啤酒中随机抽取一瓶做检验，再由20个品酒师品尝，万一检查到有任何不符合口味要求的次品，整批产品都将作废！

参观结束，霍普金斯对此非常震惊地说："我以前根本不知道酿酒过程是这样的，实在是太惊奇了！为了保证啤酒的味道和口感，你们做了这么多的事情。你们就在湖边，却不从湖里取水，而是打了400米深的井；我想很多人也不知道世界上居然有这么多种酵母，200多种都要一一测试。但是，我是说但是，你们为什么不把这个过程、这些细节告诉别人？你们为了味道的纯正做了这么多的努力，这是价值！为什么你们不告诉消费者？"

老板很平静地说："这有什么可告诉的？我所有的啤酒厂都是这么做的。"

霍普金斯说："也许你们每个厂都是这么做，甚至整个行业都是这么做的，但是没有人告诉消费者呀，消费者不知道！如果你首先让消费者知道你们的努力，那在消费者心中，你们就是很有价值的！你们就能销量大增！"

很快，他就帮厂家设计了一个完善的市场营销方案，核心就是告诉大家"啤酒是怎么酿出来的"，比如"为什么厂家就在密歇根湖旁边，却还要打一口400米深的井？

为什么要做200多种酵母的测试，而不是10种？为什么需要20个品酒师？为什么在200瓶啤酒中随机抽一个检验？为什么发现一瓶次品整批酒都要作废？"问完这些问题，顾客自己就能回答出来：是为了确保消费者的利益，是为了纯正的口感啊！

于是，仅仅三个月之后，这家啤酒厂的销量排名就由原来的第八名跃升为第一名。

这个故事告诉我们，不论你做什么，你卖什么，你自己多么司空见惯，你要明白那是因为你身在你的地盘，自然比别人了解得多，而别人只是普通的外行人，你必须向他们介绍你的价值。你要知道，哪怕是最简单的商品，比如馒头、大饼，在不会做饭的人眼中看来也相当于一个黑匣子，你有必要打开这个黑匣子，告诉他们里面是什么。当你真诚、事无巨细地告诉他们时，他们会感激你，与此同时你在他们心目中的价值也提升了，如果你在此过程中又着意塑造了一番产品价值，除非他真的不需要，否则他没有拒绝的理由。

6. 从讲事实到讲故事

首先我们就来讲一个故事,而这个故事的主人公就是"事实"与"故事":

有一天,"事实"光着身子走进一个小山村,村里的居民一看到他就不停地咒骂和攻击他,打完还把他赶出了村子。"事实"擦干眼泪,狼狈不堪地来到一个小城堡。但城堡里的人也不友善,依然对他拳脚相加,朝他吐口水,辱骂他,再次把他赶了出来。

"事实"继续前行,孤独又悲伤,看着天边的夕阳,他非常期待能在天黑之前遇到一个人,收留他,认可他。

非常幸运,他来到第三个地方,那是一个小镇。此时天已经黑下来了,人们看不太清,果然收留了他。但第二天天一亮,他的好运就到头了。人们看清了"事实"之后,比先前的人们还狠地骂他,打他,并淋了一桶尿在他头上。

"事实"跳进一条河里,好不容易洗干净了,这时他听到了阵阵欢声笑语,正是从他被赶出来的小镇上传来的。他远远地看到,镇上的居民正在鼓掌欢迎"故事"的到来。人们还拿出许多好吃的给"故事",故事微笑着侃侃而谈,沉浸在人们的喜爱和赞赏之中。

又一个黄昏来临之际,"故事"准备离开时,发现了躲在路边抽泣的"事实"。"故事"是个善良的人,他劝慰"事实",并且对他剖析道:"你当然会被拒绝啦!因为没有人愿意看赤裸裸的事实,即便你袒露的是真实的自己。如果你能穿上我的外衣,那么人们也会喜欢你。"见"事实"不信,"故事"马上脱下一件外套给他,拉着他回到小镇。镇里的人们丝毫没发现"事实"就是他们先前毒打过的那个人,就像当初招待"故事"那样热情地招待了他们。"事实"佩服之余,成了"故事"的好搭档,以后去哪里,都穿着"故事"的外衣,去哪里都比先前受欢迎。

看完这个故事，你可能也回忆起了喜欢听故事的童年。彼时，一堆孩子，最喜欢的事情就是围在善于说故事的长辈身边听讲，远比上课时认真。这样的长辈，不仅孩子们喜欢，通常大人们也喜欢。而那些不擅长讲故事的人，就显得刻板、无趣得多，不招人喜欢。

故事是有力量的，这在上面的故事中已经体现了出来，也是活生生的事实。过去农忙，那些擅长讲故事的人家里通常会有半大孩子帮着干活，比如听着故事摘花生、剥玉米之类，经常是故事也讲完了，活儿也干完了，然后开开心心回到家，挨家长一顿骂："自家的活儿不干，去给别人干活！"

但是没办法，故事就是这么迷人，因为爱听故事是人的本性。一个有好故事的人，一个会讲故事的人，总是更容易被记住，被认可；一个有故事的产品，当然在市场上也更有优势，因为人们的心总是容易被故事抓住，被故事感动。

讲故事，目的在于激发共鸣。有了共鸣，完全陌生的人也会马上生出相见恨晚的感觉，所以故事是有力的交流武器。在我们做微商的过程中发生的那些具体的故事，无疑也是我们不能错失的武器。很多微商之所以给人过于功利甚至利欲熏心的感觉，很大程度上就是放下了"故事"这一武器。

举例说明：如果潜在代理问你，我们做微商是为什么？不讲故事、只讲事实的话，那就是为了赚钱。谁都需要赚钱，赚得少了还不行，但这么直白，就是显得俗。那你为什么不能用"实现自我价值"这几个字来代替？如果潜在代理继续问：我为什么要发展代理？你可不可以回答：就像我发展你一样，可以利用你赚钱？肯定不行。虽然你说的是事实，但却是片面的、愚蠢的事实。你不仅要把事实讲得漂亮，还要讲得精彩。你要告诉他，自己当初也是这样理解自己的团队老大的，但万事开头难，在哪行都这样，重要的是要有感恩之心，这样老大才会更加用心地带我们，你才会成为现在的我，而且以你的天赋，肯定会比我发展得更好！如此，我们培养起了讲故事的思维和语文基础。

当你具备了这种讲故事的思维，你的语言表达、文字，自然就有了魔力。比如我们熟知的一个品牌，美国"史密斯"热水器的广告场景，那个美国老太太对一个美国宝宝说："你也想用50年吗？"很简单的一句话，信息量却很大，会让潜在客户的潜意识认为，这款热水器就是好，用了50年还没问题，这50年里又发生了多少温馨的故事啊。虽然没有讲故事，但他已经自己脑补故事了。

很多成功人士都擅长讲故事，最擅长的就是讲他们的创业故事：怎么不容易，怎么坚守，怎么备受打击，等等。而他们起点太低，能力太差，总是犯错，浪费了很多融资这些事，肯定不能说，特别是在融资的时候。所有微商也都应该学会讲故事，你必须不断地讲这个行业内成功的故事，才会有人做你的代理；你必须不断地讲那些用了你的产品非常认可的顾客的故事，才会有下一位顾客。作为一个团队领导者和操盘手，你还要善于用故事扩散你的人品、产品品牌，向更多的人讲述一个未来必然会有幸福结局的故事，才会被一个个人、一代代人不断传颂，才会让人身不由己地走进故事，成为我们为他们设定的角色，把他们的能量发挥出来。

第九章 微商雷区的规避

1. 毒鸡汤，是误区更是违法

基于为潜在客户提供价值，以便增强自己人气的想法，很多微商都喜欢转发一些鸡汤文，相信你也发过，诸如《这几种食物千万不能吃》《这些东西千万别让孩子碰》等。我们转发这类文章往往连泔水都算不上，因为泔水起码没毒，而它们有毒。

而作为一名微商，你的初衷只是想通过这些免费的文章吸引眼球，让大家更喜欢你，从而在你发展客户或代理时更容易些；这没错，可是你想过没有，这些文章转出去的那一瞬间，就意味着很多人会把你看做是一个没有思考能力的人，而且印象一旦形成就很难改变。他不相信你的鉴别能力，从而不相信你的产品、你的行业，怎么可能成为你的客户，做你的代理？

很多人也许不知道，这类"鸡汤"其实都是被有目的地炮制出来的，起了个吸引眼球的标题，提高阅读量是他们唯一的目的，至于科学与否、夸张与否，完全不在考量范围之内。所谓文品就是人品，如果把写作比作微商行业的话，这种人就是给微商行业丢脸抹黑的那种人，是最令人不耻的那一群人。

毒鸡汤泛滥，"高仿鸡汤"层出不穷，主要是因为它们背后有着一条产业链，而且收益不菲。那些鸡汤文是一些平台、APP以"转发赚钱"来吸引微信用户的工具，相关文章不仅有毒，而且往往嵌入大量广告信息，而这些广告往往是不能在正规平台投放的内容，诸如"老中医治肾亏一绝"等。

有些人认为自己只是转发一下文章，又不是自己写的，总不至于违法。其实从法理上讲，不管是作为内容的制作者还是传播者，都需要对内容负责。作为制作者，他宣传的产品有质量问题，给消费者的财产或人身造成侵害，自然应该负责。而转发的人也不能置身事外，因为没有你的转发，受害者就看不到，他是因为相信你的人品与见识才选择了该产品,所以不管怎么说,我们都应该对想要转发的内容的安全与合规负责。

严格来说,我们经常看到的很多鸡汤文都可以归为谣言一类,而造谣与传谣本身也是违法的。过去,很多微商看到微信公众号以及一些相关平台很火,于是就忙不迭地申请了一个公众号,每天要么不负责任地转一些文章,要么没有任何底线地写些原创文章。我们要求整个团队成员加强信息筛选力度,提高真假辨别能力,理性分析,抵制不良信息,对各类带有明显诱导、诈骗、噱头、色情信息的转发说"不",同时尽量结合自身经历、学识与产品特点,多写一些有独特生命体验、确实能提升人的学识与心境的文章。

2. 微商必须知道的《电商法》

在以前，微商不在相关部门监管之内，更多的是一种私下交易。后来，微商潮水般的发展，催生了《中华人民共和国电子商务法》(简称《电商法》)。以后，做微商也好，做电商也罢，肯定不能再像以前那样没有章法，野蛮生长了。

那么，微商如何根据已经施行的《电商法》调整自己的行为呢？最主要的就是以下两方面：

首先，靠低价、低利润恶意竞争的策略行不通了。《电商法》第十一条明文规定，电子商务经营者应当依法履行纳税义务，并依法享受税收优惠。依照规定不需要办理市场主体登记的电子商务经营者在首次纳税义务发生后，应当依照税收征收管理法律、行政法规的规定申请办理税务登记，并如实申报纳税。因为低价、低利润本身就盈利有限，如果再加上税，岂不成了亏本生意？

同时，《电商法》第二十五条规定，有关主管部门依照法律、行政法规的规定要求电子商务经营者提供有关电子商务数据信息的，电子商务经营者应当提供。另外，《电商法》第二十八条规定，电子商务平台经营者应当依照税收征收管理法律、行政法规的规定，向税务部门报送平台内经营者的身份信息和与纳税有关的信息，并应当提示依照本法第十条规定不需要办理市场主体登记的电子商务经营者依照本法第十一条第二款的规定办理税务登记。我们不难看出，那些靠9.9元包邮，靠刷单冲量，靠偷税漏税打价格战，通过降低质量压缩成本的野蛮时代已经过去了，有些人就算依然还在打着擦边球，但日子也不会长了，未来一定会越来越规范。而对于坚持做品质、做服务、做创新的微商来说，肯定是个好消息。大浪淘沙，是金子总有发光的时候。

其次，由于微商此前更像是一种私下交易，因此这种交易很长时间都是不受法律保护的。如果有人卖了假冒伪劣商品，只要情节不是特别严重，消费者自己会忍气吞声，法律部门也不太重视。你就买了一瓶效果并不太好的洗发水，虽然不止痒但也没有让你更痒，怎么立案？

而《电商法》明确指出，利用朋友圈，利用直播方式等进行经营的各种微商经营者，都是受该法约束和管辖的，即"本法所称电子商务经营者，是指通过互联网等信息网络从事销售商品或者提供服务的经营活动的自然人、法人和非法人组织，包括电子商务平台经营者、平台内经营者以及通过自建网站、其他网络服务销售商品或者提供服务的电子商务经营者"。所以，以后微商卖假货、卖次货坑害消费者，消费者也是有法可依，并且可以去法院起诉维权了。这不仅适用于普通消费者，也适用于微商本身。比如，你卖了大量不符合国家质量标准的商品给自己的代理，代理同样可以去起诉你，通过法律手段拿回自己的资金，而不论你们之间签过什么合同。

有人也许会心生惶恐，但不做亏心事，不怕鬼敲门，对绝大多数的微商从业者来说这绝对是好事一桩。有制约，才意味着有保护。《电商法》的通过首先意味着这个行业已经成熟，纳入到了国家有关部门的监管，标志着电子商务已越来越正规，在经营过程中会越来越完善。正规、完善的环境，是大家努力奋斗的基础，也让我们能够在赚钱的同时，真正地抬起头来。

3.《电商法》下的微商江湖

伴随着《电商法》的施行,我最大的感受是,很多同行开始不淡定了。

比如我的朋友小青,她原本是一名全职代购,每个月跑一趟韩国,在那里连玩带买四五天,回来花三四天时间把代购的商品快递给顾客,再用接下来的二十几天接单,进入下一循环,日子过得轻松滋润。但她最近告诉我,已经通过了某公司的面试,要去上班了。至于先前的代购,以后只能兼职了。因为粗略看了看《电商法》,她觉得自己没法不"触线"。此前在海关被扣的经历,以及抽检越来越严,也让她不得不谨慎。最重要的是,如果按照《电商法》的规定全额缴税，整个代购行业的利润都将变得微薄，甚至无利可图。不过她也说，《电商法》出台肯定是好事，起码将来骗子和假货在代购行业会生存不下去。

类似的例子我身边还有不少，各种心态的都有，而且往往一个人就抱有多种心态，有喜也有忧。其实，身为微商，无论你怎么想，《电商法》既然昭告天下，那么唯有合法才是王道，唯有合法才能走得更远。

从微商的角度来说，这个行业也真的该管管了。不管，正规的微商肯定竞争不过那些不择手段的微商。长久以来，微商在公众心目中的印象会越来越差，信誉难以为继。从公众的角度来说，微商更是不管不行。网络信息的快速发展，消费经济的崛起，固然优化了我们的生活，但也给一些不法商户乃至犯罪分子提供了乘虚而入的机会。

前不久，某电视台法治节目披露了一桩打着微商旗号实施犯罪的行为：

故事的主人公王某和宁某是一对夫妻，王某在家相夫教子，宁某经商。由于王某不再出入职场，所以有些疏于打扮，宁某亦耐不住外面狂蜂浪蝶的勾引，频频出轨。在被妻子抓了一次现形之后，宁某不仅不悔改，还满是嫌恶地说:"你照照镜子!要不是看在我们有孩子的份上,早跟你离了!"此后,夫妻二人三天一小吵,五天一大吵,吵完妻子便暴饮暴食,导致体重暴增,而丈夫则因此对她更加冷淡和疏远。

忽一日,王某在朋友圈里发现有人在卖一款减肥产品,下面的好评也不少,她动了心,并简单地将自己婚姻失败的原因归结为自己太胖。为了挽回丈夫的心,尽管那款号称进口的特效减肥产品售价不菲,但她还是咬牙买了。还别说,除了刚开始服用时有些不适感外,一连服用几天后,王某感觉自己胃口大减,半个月后竟瘦了十几斤。大喜过望的她又找那个自称"李强"的人买了两个疗程的产品,结果没多久又轻了10斤。同时她发现,最近丈夫看她的眼神也不一样了。在她的刻意经营下,夫妻二人又渐渐和好了。

几个月后的一天,夫妻二人前往某地旅游。百密一疏,她忘记了带减肥药。结果第二天,王某便感觉困乏,没有精神,后来关节也痛了起来,仿佛有无数只蚂蚁在啃自己的骨头。稍有常识的人都知道,她这是毒瘾发作了。但她一无所知,勉强挨到家,看过医生,医生看着她的检查结果问她是否有吸毒史,她把头摇得像拨浪鼓,但心里已隐隐觉察到了什么。回家后,她马上打电话质问李强,李强索性撕破脸皮,告诉她自己卖给她的根本不是什么减肥药,而是冰毒。她本想报警,但李强的话让她退缩了:"去报啊!你老公知道你在吸毒的话,马上把你扫地出门!"

后来,她尝试着戒毒,但总是败给毒瘾。她发现,丈夫又开始疏远她了,她索性把自己的"毒产品"混入丈夫的饭菜,结果丈夫也慢慢染上毒瘾。就像她当初一样,丈夫也多次试图戒毒,却一次又一次复吸。二人辛苦打拼攒下的十几万元很快挥霍一空,生意也因资金链断裂难以为继。为了筹措毒资,二人索性连吸带卖,她以自己瘦下来的身体为活广告,短短半年时间,将七八个闺蜜拖下水。再接下来,她索性注册了自己的微信号和公众号,加了许多微友,大肆宣传自己的瘦身成果,骗了很多人,也害了很多人。一度,她的下线遍及整个西南地区,并向全国延伸。直到被人举报,这个贩毒团伙才被警方打掉。

这并不是什么个案,据国家禁毒办发布的统计数据显示,很多18~35岁的吸毒女性开始都是为了减肥,被人欺骗,才走上不归路的。而吸毒之所以能够减肥,是因为毒品能抑制人的食欲,还可以透支人的潜能,让人始终保持工作状态,这叫作"生理性的干枯"。打着使人变美的名义,让人坠入万劫不复之地!还有一些人,虽然不贩毒,但也经常打着使人变美的旗号,贩卖假减肥药,利润高达百倍,甚至比毒品还疯狂,给消费者带来的身体和心理伤害同样不可小觑。所以,即使只是在朋友圈中购物,也要保持清醒的头脑。而做微商代理,别说不合法,哪怕是不合常理的产品,我们也不要碰,免得到最后坑了别人,也害了自己。

4. 如何合法地做好微商

有人可能会问：你在上面举了那么长的一个案例，这与《电商法》的颁布有什么直接的关系吗？《电商法》能阻绝或抑制相关的犯罪吗？

答案是肯定的。因为《电商法》的初衷首先不是征税，而是促进电商与微商行业合法合规的发展。具体说来包括以下主要内容：

第一，营业执照方面。《电商法》第十条规定，电子商务经营者应当依法办理市场主体登记。但是，个人销售自产农副产品、家庭手工业产品，个人利用自己的技能从事依法无须取得许可的便民劳务活动和零星小额交易活动，以及依照法律、行政法规不需要进行登记的除外。这一措施不仅保护了有正规经营许可的电子商务经营者,更提高了电商售卖的标准,让各类经营产品流入市场有迹可循,加强了市场的监管,一旦违规最高罚款200万元!

前面案例中提到的"减肥产品",就属于必须办理营业执照的范畴,而办理营业执照需要提供相应资料,包括人员的,也包括产品的,要走相关的流程,接受相关的核查和监督。所谓贼人胆虚,那些有案底或者当前仍在进行不法勾当的人通常很不愿意去办营业执照,对他们来说这是一道很难通过的关卡,这就给我们提供了一个基本的判别标准:正规的产品,至少要有营业执照。

第二,真实信息方面。《电商法》第二十七条规定,电子商务平台经营者应当要求申请进入平台销售商品或者提供服务的经营者提交其身份、地址、联系方式、行政许可等真实信息,进行核验、登记,建立登记档案,并定期核验更新。这一举措可有效杜绝黑工厂制造假货,然后杜撰公司进行销售的情况,让看似缥缈的电商销售也落监管实处。未来,没有人员、产品、企业等真实信息,连做微商的资格也没有,很多别有用心的人也就难以乘虚而入了。

第三,知识产权方面。《电商法》第四十五条规定,电子商务平台经营者知道或者应当知道平台内经营者侵犯知识产权的,应当采取删除、屏蔽、断开链接、终止交易和服务等必要措施;未采取必要措施的,与侵权人承担连带责任。这一举措旨在让那些盗用或恶意造假商品图片、软文的行为付出代价,同时刺激原创与创新。

第四,严禁虚假宣传。《电商法》第十七条规定,电子商务经营者应当全面、真实、准确、及时地披露商品或者服务信息,保障消费者的知情权和选择权。电子商务经营者不得以虚构交易、编造用户评价等方式进行虚假或者引人误解的商业宣传,欺骗、误导消费者。也就是说,未来广大微商不能再用各种套路蒙骗消费者,加上微信等软件的截图功能,任何一句话都可能成为将来的呈堂证供,只有提供更专业的服务和真正的好产品才是唯一途径。

第五,确保生命健康。《电商法》第三十八条特意提到,电子商务平台经营者知道或者应当知道平台内经营者销售的商品或者提供的服务不符合保障人身、财产安全的要求,或者有其他侵害消费者合法权益行为,未采取必要措施的,依法与该平台内经营者承担连带责任。对关系消费者生命健康的商品或者服务,电子商务平台经营者对平台内经营者的资质资格未尽到审核义务,或者对消费者未尽到安全保障义务，造成消费者损害的，依法承担相应的责任。实际上，当前微商最为人诟病的一点，也正是很多产品对人非但无益反倒有害，所以《电商法》第三十八条才进行了针对性的封堵。

第六，禁止刷评论和销量。《电商法》第三十九条规定，电子商务平台经营者应当建立健全信用评价制度，公示信用评价规则，为消费者提供对平台内销售的商品或者提供的服务进行评价的途径。同时，电子商务平台经营者不得删除消费者对其平台内销售的商品或者提供的服务的评价。以后，为了自己的信誉不贬值，销量不下滑，广大微商势必会更加在意客户的满意度，会更多地站在客户角度思考问题，更好地提供服务。

第七，禁止透露客户信息。《电商法》第二十三条规定，电子商务经营者收集、使用其用户的个人信息，应当遵守法律、行政法规有关个人信息保护的规定。这不仅仅是针对微商的各类无证违法销售而言，而且在更多的细节上也更加重视消费者的权益，大到产品安全，小到信息隐私，都有了更为详尽的立法，让合法合规的企业平台能更加安心服务大众，让个别无良无证微商代购无法再售假，让消费者更好地体验电子商务带来的便捷生活。

5.《电商法》下的过往案例解读

我们用《电商法》来解读一些发生过的相关案例，来分析在《电商法》的法律框架下，这些既成案例如何更好地指导我们接下来的微商工作。

（1）2018年3月，河北某市消费者杨女士投诉称，其在某平台购买的化妆品怀疑为假货，与之前所用同款产品差距较大。之前自己曾因特价购买的面膜质量不佳，给予该平台差评，但该评价根本看不到。杨女士认为，消费评价是消费体验的重要一步，也是后续顾客购物的重要参考，故投诉该平台不顾消费者感受删除差评的行为。

在以前，刷销量、刷好评、删差评等行为，虽严重误导消费者，损害消费者知情权、选择权，但基本上无法可依，而《电商法》明确禁止了类似行为，同时要求电商经营者信息披露必须全面、真实、准确，同时要求电子商务平台经营者建立健全信用评价制度，公示信用评价规则。对于擅自删除消费者评价的，由市场监督管理部门责令限期整改，给予行政处罚，情节严重的，处最高50万元的罚款。

（2）2018年6月，一位姓廖的消费者通过媒体称，自己经常通过某旅行服务网站预订某个特定酒店的房间，常年价格在380~400元。很偶然的一次机会，他通过前台了解到，酒店房间淡季的价格在300元上下，用朋友账号查询后发现果然是300元，但用自己的账号去查还是380元。也就是说，他被电商"杀熟"了。

前段时间，"杀熟"曾经引发热议和公众不满，涉嫌侵害消费者利益的电商平台主要集中在线预订酒店、网约车等行业，同样，这也没有"法"来制约。现在，《电商法》明确规定，在针对消费者个人特征提供商品、服务搜索结果的同时，必须一并提供非针对性选项，通过提供可选信息，保护消费者的知情权、选择权；同时，电子商务经营者发送广告时，还应遵守《广告法》规定；明确违反本条规定的，依法责令限期改正，没收违法所得，可以并处最高50万元的罚款。

（3）2017年底，消费者韩女士发微博称，作为某服务平台资深用户，她曾多次发现并被迫手动取消隐藏在订票信息下的"预选保险框"，但仍旧百密一疏，几次被套路，为此她要求平台向自己和公众致歉。

这样的套路广泛存在于软件下载、网上订票等情况下，由于不知情，在平台"默认"的情况下，消费者相关权益受损的同时，利益流进了平台的账户。此前中消协曾就此启动调查，敦促企业整改。现在，《电商法》相关法条明确规定，电子商务经营者搭售商品或者服务，应当以显著方式提请消费者注意，不得将搭售商品或者服务作为默认同意的选项。违反本法，由市场监督管理部门责令限期改正，没收违法所得，可以并处最高50万元的罚款。

（4）前几年，共享单车企业崛起，但因为种种原因，町町、悟空、酷骑、小鸣、小蓝等共享单车企业相继停止运营。它们在向消费者收取押金后，大多存在违规挪用押金行为，造成消费者押金难退，中消协先后收到来自全国各地消费者数千封要求退还押金、预付费、请求移交犯罪线索的来信，并向公安机关提交了刑事举报书。2017年12

月 20 日，中消协公开提出了"关于对共享单车等电子商务经营者收取押金、预付费的立法规制建议"，呼吁正在制定的《电商法》从资质限定、合同规制、履约担保、信息披露、费用退还、冷静期、退市要求、法律责任等方面作出规定，加强对消费者的保护。

由此，《电商法》明确规定，电子商务经营者按照约定向消费者收取押金的，应当明示押金退还的方式、程序，不得对押金退还设置不合理条件。消费者申请退还押金，符合押金退还条件的，电子商务经营者应当及时退还。有违相关规定的，由有关主管部门责令限期改正，可以并处最高 50 万元的罚款。

（5）2018 年初，南京莫先生发现某网上购物平台有抢拍 iPhone 手机的促销活动，此时活动规则并未限制购买数量，于是他通过活动拍下 iPhone8 手机 2 台。但之后平台只为第一个订单发了货，莫先生询问，平台回复称活动已修改为每个客户只能拍一台，多拍无效，拒绝给第二个订单发货。莫先生认为网上订单与合同应有同等法律效力，平台应按照原规则、原订单发货。

《电商法》从法理上支持了莫先生的诉求，相关条款明确规定，平台经营者或平台内经营者，丢失、伪造、篡改、销毁、隐匿或者拒绝提供相关资料，由电子商务经营者承担不利的法律后果。

（6）2018年5月与8月，某航空公司空姐李女士、浙江温州赵女士分别乘坐同一网约车平台的不同顺风车后，被顺风车司机强奸杀害。据调查，该平台存在对司机审核及人车一致问题管理不善、缺乏便捷有效的紧急救助方式、对消费者投诉处理管理不到位等问题，引发了社会广泛关注，但究竟应该由谁担责，担多大的责，莫衷一是。

《电商法》明确规定，电子商务平台经营者知道或者应当知道平台内经营者销售的商品或者提供的服务不符合保障人身、财产安全的要求，或者有其他侵害消费者合法权益行为，未采取必要措施的，依法与该平台内经营者承担连带责任。